Der Mann, der sich selbst fand
(Onkel Simon)

H. De Vere Stacpoole , Margaret Robson Stacpoole

Writat

Diese Ausgabe erschien im Jahr 2023

ISBN: 9789359253275

Herausgegeben von
Writat
E-Mail: info@writat.com

Nach unseren Informationen ist dieses Buch gemeinfrei.
Dieses Buch ist eine Reproduktion eines wichtigen historischen Werkes. Alpha Editions verwendet die beste Technologie, um historische Werke in der gleichen Weise zu reproduzieren, wie sie erstmals veröffentlicht wurden, um ihre ursprüngliche Natur zu bewahren. Alle sichtbaren Markierungen oder Zahlen wurden absichtlich belassen, um ihre wahre Form zu bewahren.

Inhalt

TEIL I	- 1 -
KAPITEL I SIMON	- 2 -
KAPITEL II SCHLAMM	- 4 -
KAPITEL III DR. OPPENSHAW	- 9 -
KAPITEL IV DR. OPPENSHAW – *Fortsetzung*	- 15 -
KAPITEL VI WIRD NICHT ER SEIN	- 18 -
KAPITEL VI TIDD UND RENSHAW	- 23 -
KAPITEL VII DIE BRIEFTASCHE	- 25 -
TEIL II	- 26 -
KAPITEL I DAS ERWACHEN DER SEELE	- 27 -
KAPITEL II MOXON UND SCHLAMM	- 32 -
KAPITEL III SIMONS ALTMODISCHE NACHT IN DER STADT	- 41 -
TEIL III	- 48 -
KAPITEL I DER LETZTE SOVEREIGN	- 49 -
KAPITEL II ONKEL SIMON	- 60 -
KAPITEL III DIE HUNDERT-PFUND-NOTE	- 70 -
KAPITEL IV DIE HUNDERT-PFUND-NOTE – *Fortsetzung*	- 75 -
KAPITEL V DIE HEIMAT DER NACHTIGALLEN	- 84 -
KAPITEL VI DER FLUG DER DRACHENFLIEGE	- 90 -
KAPITEL VII NEUNHUNDERT PFUND	- 96 -
KAPITEL VIII PALL MALL PLACE	- 102 -
KAPITEL IX JULIA	- 107 -
TEIL IV	- 112 -
KAPITEL I DIE GARTENPARTY	- 113 -
KAPITEL II HORN	- 118 -

KAPITEL III JULIA – *Fortsetzung* ....- 123 -
KAPITEL IV HORN – *Fortsetzung* ....- 128 -
KAPITEL V TIDD *gegen* RENSHAW ....- 131 -
KAPITEL VI WAS MIT SIMON PASSIERTE ....- 140 -
KAPITEL VII TIDD *versus* BROWNLOW ....- 143 -
KAPITEL VIII IN DER PAULE ....- 144 -
KAPITEL IX KAPITEL DAS LETZTE ....- 146 -
   FUSSNOTE: ....- 150 -

TEIL I

KAPITEL I
SIMON

Die King Charles Street liegt in Westminster; Man biegt um eine Ecke und findet sich in der Charles Street wieder, so wie man um eine Ecke biegt und sich in der Geschichte wiederfindet. Das Billige, das Böse und das Neue verschwinden, und schöne alte, komfortable Häuser aus rotem Backstein, die von Wetter und Nebel verdunkelt sind, nehmen Sie in ihre Obhut, erzählen Ihnen, dass Königin Anne nicht tot ist, und unterhalten Sie mit Bildern von Sänften und Laufen Lakaien und entlasse dich am anderen Ende in das zwanzigste Jahrhundert, aus dem du gekommen bist.

Simon Pettigrew wohnte in der Nr. 12, wo vor ihm sein Vater, sein Großvater und sein Urgroßvater gelebt hatten – allesamt Anwälte. So respektiert, so verwurzelt im Boden der Gerichte, dass es weniger eine Familie von Anwälten als vielmehr eine kleine englische Institution ist. Trennen Sie sich gänzlich von allen kleinen Streitangelegenheiten im Zusammenhang mit den Pettigrews , Simon oder einer seiner Vorfahren wäre in der Fleet Street genauso bereitwillig in Hemdsärmeln erschienen wie vor dem Bezirks- oder Polizeigericht für oder gegen den Angeklagten; Sie waren Anwälte alter Familien und hatten einen beträchtlichen Teil der alten englischen Familien in ihrer Obhut – Urkundenkisten voller Papiere, Geheimnisse, die einem die Haare locken ließen.

Für die breite Öffentlichkeit war diese große und mächtige Firma nahezu unbekannt, doch Pettigrew und Pettigrew hatten genug Erben abgeschnitten, um Stoff für ein Dutzend Braddon-Romane zu liefern, hatten zahlreiche schreiende Tragödien im gehobenen Leben erstickt und sie mitten in der Nacht begraben, und das alles ohne eine Falte auf der Stirn der ruhigen alten Firma, die während der Regierungszeit der Georges ihren Geschäftsbetrieb betrieb, in den Tagen von Palmerston Schnupftabak nahm und sich in den Tagen von Edward Rex immer noch weigerte, die Schreibmaschine zu benutzen.

Simon, der Letzte der Firma, unverheiratet und ohne nähere Verwandte, war zum Zeitpunkt der Erzählung dieser Geschichte sechzig geworden – ein glattrasierter, strahlender, altmodischer Mann, ruhig, berühmt für seinen Keller und Mitglied des Athenäums . Ein Mann, von dem man nie gedacht hätte, dass er so etwas wie eine Vergangenheit besitzt. Ich hätte nie gedacht, von dieser halb teuflischen, halb engelhaften Lebensfreude erfüllt zu sein, die zu den Torheiten der Jugend führt.

Dennoch hatte Simon, im Alter zwischen einundzwanzig und zweiundzwanzig, die Stadt eher energisch als bösartig geplündert, Evans'

Abendessenszimmer heimgesucht, sich unsterblich in eine Schauspielerin verliebt und das Leben genossen, wie es nur die Jugend genießen kann Leben im wunderschönen, schillernden, betrügerischen Land der Jugend.

Das Fahren in Hansom-Taxis war damals ein Vergnügen! Neue Kleidung und ausgefallene Hemden und Krawatten sind eine Freude, Schauspielerinnengöttinnen. Dann entpuppte sich eines Tages seine Schauspielerin als Schauspielerin, und in der folgenden Nacht verließ er den Kakaobaum mit einer Spielschuld von tausend Pfund, die er nicht bezahlen konnte. Sein Vater zahlte für sein Versprechen, ein neues Kapitel aufzuschlagen, was er auch tat. Aber seine Jugend wurde gebremst, sein Glanz wurde in den Schatten gestellt, und Arm in Arm mit gesundem Menschenverstand machte er sich auf den langen Weg, der ihn schließlich zu der hohen Position eines freudlosen, lieblosen, trostlosen, wohlhabenden Anwalts von sechzig Jahren führte – geachtet, sehr respektiert. Tatsächlich weniger ein Mann als vielmehr eine Firma. Dennoch blieb ihm als Vermächtnis seiner Jugend ein sehr hübscher Witz und eine unverantwortliche Art zu reden, wenn er sich verriet – wie bei Dinnerpartys.

KAPITEL II
SCHLAMM

Mudd war Simons Faktotum, Butler und Minister für untergeordnete Angelegenheiten. Mudd war fünfundsechzig und knapp; Er stand seit fünfundvierzig Jahren im Dienste der Familie Pettigrew und war sozusagen Seite an Seite mit Simon aufgewachsen. In den letzten zwanzig Jahren hatte Mudd jeden Morgen seinem Herrn den Tee gebracht, die Jalousien hochgezogen und seine Kleidung ausgelegt – ungefähr siebentausend Mal, wenn man Feiertage und Krankheiten einkalkulierte. Er war ein glattrasierter alter Mann mit runden Schultern und einer Art, die durch den langen Gebrauch stumpf geworden war; Er „ sirte " Simon nur in Anwesenheit von Gästen und Dienern und hatte eine offene Art, über alltägliche Angelegenheiten zu sprechen, die in ihrer gelegentlichen Offenheit an das Eheliche grenzte.

Heute Morgen, am dritten Juni, verschwand Mudd, nachdem er die Jalousien seines Herrn hochgezogen und seine Stiefel und Rasierutensilien bereitgelegt hatte, und kam mit seinen gebürsteten und gefalteten Kleidern und einem Krug Rasierwasser zurück, den er auf den Waschtisch stellte .

„Die Arme werden aus diesem alten Mantel herausfallen, wenn du ihn noch länger trägst", grummelte Mudd, als er die Sachen auf einen Stuhl legte. „Es ist seit fast anderthalb Jahren in Gebrauch; der linke Ellenbogen wird stark belastet – das ist der Schreibtisch, der dafür sorgt."

„Ich werde sehen", sagte Simon.

Er kannte die Suggestion, die im Tonfall und in den Worten von Mudd lag, ganz gut, aber ein Besuch bei seinen Schneidern war fast gleichbedeutend mit einem Besuch bei seinen Zahnärzten, und neue Kleidung war eine Abscheu. Er brauchte vierzehn Tage, um sich an einen neuen Mantel zu gewöhnen, und was das Schäbigsein anging, nun ja, ein anständiges Schäbigsein war Teil seiner Persönlichkeit und, vielleicht vage, Teil seines Lebensstolzes. Er konnte es sich leisten, schäbig zu sein.

Nachdem Mudd verschwunden war, erhob sich Simon und machte sich auf den Weg zur Toilette, nahm ein Bad in einer Zinnbadewanne – einer flachen viktorianischen Zinnbadewanne – und rasierte sich mit einem Rasiermesser aus einem Siebeneretui, auf dem jeweils ein Wochentag markiert war.

Dieses Rasiermesser war mit „Dienstag" gekennzeichnet.

Nachdem er „Dienstag" sorgfältig getrocknet und zwischen „Montag" und „Mittwoch" zurückgestellt hatte, schloss Simon den Koffer mit der Sorgfalt und Präzision, die alle seine Handlungen kennzeichnete, beendete das

Anziehen und blickte aus dem Fenster, um zu sehen, was für ein Tag es sei War.

Ein Blick in den strahlend blauen Himmel, der über die Dächer der gegenüberliegenden Häuser fiel, informierte ihn und ließ ihn lustlos zurück. Dann, nachdem er seine Uhr aufgezogen hatte, ging er die Treppe hinunter in den jakobinischen Speisesaal, wo es Tee, Toast, gekräuselten Speck und vieles mehr gab Gut ausgestrahlte *Times* erwarteten ihn.

Pünktlich um Viertel vor zehn öffnete Mudd die Flurtür, vergewisserte sich, dass der Brougham wartete, informierte seinen Herrn, half ihm in seinen Mantel – einen leichten Sommermantel – und schloss die Kutschentür vor ihm.

Kurz nach zehn erreichte Simon das Old Serjeants' Inn und betrat sein Büro.

Brownlow, der Hauptschreiber, war gerade angekommen, und Simon nickte ihm zu, ging in sein Privatzimmer, wo seine Briefe ausgelegt waren, hängte Hut und Mantel auf und machte sich an die Arbeit.

Es war ein Anblick, sein Gesicht zu beobachten, als er einen Brief nach dem anderen las und jeden Brief geordnet unter einen Briefbeschwerer aus Marmor legte. Man könnte sich vorstellen, Law bei der Arbeit zuzusehen, in Abgeschiedenheit und ohne Gewänder. Er brauchte keine Brille – seine Augen waren immer noch die Augen eines jungen Mannes.

Nachdem er seine Briefe beendet hatte, klingelte er nach seinem Stenographen und begann, Antworten zu diktieren, wobei er ab und zu Brownlow aufforderte, Einzelheiten zu besprechen. Dann, als diese Angelegenheit erledigt und wieder allein war, saß er einen Moment lang da, lehnte sich in seinem Stuhl zurück und schnitt sich mit dem kleinen Taschenmesser, das auf dem Tisch lag, die Nägel. Es war seine Gewohnheit, genau um zwölf Uhr ein Glas alten braunen Sherry zu trinken. Es war ein Brauch der Firma; Andrew Pettigrew hatte seinerzeit dasselbe getan und die Gewohnheit an seinen Sohn weitergegeben. Wenn ein bevorzugter Kunde anwesend war, wurde der Kunde gebeten, ein Glas zu trinken, und die Flasche und zwei Gläser wurden im John Tann-Safe in der Ecke des Raumes aufbewahrt. Ihr Götter! Stellen Sie sich in Ihrer modernen Anwaltskanzlei eine Weinflasche im Hauptsafe vor und der Anwalt bittet einen Mandanten, etwas zu trinken! Doch der unter den *Kennern* berühmte Green Seal Sherry, der Safe und die Atmosphäre des Raumes und die neuzeitliche Figur von Simon waren alle im Einklang, Teil eines einzigartigen und georgianischen Ganzen, wie die Bestandteile eines Toby Krug.

Die alte, silberfarbene Uhr auf dem Kaminsims hatte den Zeiger auf die Mittagszeit gelegt und begann zu silbrig zu lispeln. Simon schreckte aus seinen Träumereien auf, erhob sich, zog einen Schlüsselbund aus der Tasche und öffnete den Safe.

Dann stand er da und betrachtete, was darin zu sehen war.

Der Safe enthielt zwei Urkundenkästen übereinander auf dem feuer- und einbruchsicheren Eisenboden, und neben den Urkundenkästen standen die Sherryflasche und die Satellitenweingläser aus geschliffenem Glas, während auf dem In der obersten Urkundenbox befand sich eine schwarze Lederbrieftasche.

Simons Augen waren auf das Portemonnaie gerichtet, das Ding schien ihn in seinen Bann zu ziehen; Man hätte meinen können, er würde in die teuflisch diamantenen Augen einer zusammengerollten Schlange blicken. Als er den Safe das letzte Mal geschlossen hatte, war die Brieftasche noch nicht dort gewesen; Im Safe befanden sich außer den Kisten, der Flasche und den Gläsern nichts, und von dem Safe befanden sich nur zwei Schlüssel, einer bei der Bank, einer in seiner Tasche. Der Manager der Cumber's Bank, ein kahlköpfiger Magnat mit Backenbart, konnte, selbst wenn er Zugang zum Safe hatte, nicht der Urheber dieses kleinen Tricks sein, einfach weil der Schlüssel der Bank außerhalb seiner Reichweite war , der sicher in der privaten Urkundentruhe von Pettigrew eingeschlossen war, und der Schlüssel der privaten Urkundentruhe von Pettigrew befand sich auf demselben Bündel wie der, der jetzt an der Safetür hing.

Das Schloss war unöffnbar.

Doch Simons Gesichtsausdruck spiegelte weniger Überraschung über das Gefundene als vielmehr Entsetzen über das Gesehene wider. Brownlows Kopf auf einem Ladegerät hätte ihn kaum stärker treffen können.

Dann streckte er seine Hand aus, nahm die Brieftasche, brachte sie zum Tisch und öffnete sie.

Es enthielt Banknoten, schöne, neue, frische Banknoten der Bank of England; Aber die Freude des Durchschnittsbürgers, ein großes, unerwartetes Bündel Geldscheine zu entdecken, war in Simons Gesicht nicht zu erkennen, es sei denn, Schweißperlen seien Zeichen der Freude. Er wandte sich der Sherryflasche zu, füllte mit zitternder Hand zwei Gläser und leerte sie; dann wandte er sich wieder den Notizen zu.

Er setzte sich, schob die Brieftasche beiseite und begann, sie zu zählen. Begann sie fieberhaft zu zählen, als wäre das Ergebnis der Zählung von größter Bedeutung. Es gab vier Tausendernoten, der Rest waren Hunderter und einige Zehner. Zehntausend Pfund, das war die Summe.

Er steckte die Geldscheine zurück in das Etui, schnallte es zu, sprang auf wie eine gelöste Feder, warf die Brieftasche auf den Briefkasten und schloss den Safe mit einem Druckknopf.

Dann stand er da, die Hände in den Taschen, und untersuchte das Muster des türkischen Teppichs.

In diesem Moment klopfte es an der Tür und ein junger Angestellter erschien.

„Was zum Teufel willst du?" fragte Simon.

Der Sachbearbeiter erläuterte seinen Fall. Ein Mr. Smith hatte angerufen und verlangte ein Vorstellungsgespräch.

„Bitten Sie Mr. Brownlow, ihn zu sehen", antwortete Simon; „Aber bitten Sie Mr. Brownlow, zuerst hier einzugreifen."

Einen Augenblick später erschien Brownlow.

„Brownlow", sagte Simon, „schlagen Sie Dr. Oppenshaws Telefonnummer nach und fragen Sie ihn, ob er mir vor dem Mittagessen zehn Minuten lang ein Interview geben kann . ein Taxi rufen lassen – das ist alles."

Während Brownlow auf Mission war, zog Simon seinen Mantel an, setzte seinen Hut auf, putzte sich kräftig die Nase mit dem roten Kopftuch, das Teil seiner Persönlichkeit war, öffnete den Safe und warf noch einmal einen Blick auf die Brieftasche, als wolle er sich vergewissern dass die Feenhand, die es dort platziert hatte, es nicht wieder weggezaubert hatte und gerade dabei war, den Safe zu verschließen, als der leitende Angestellte eintrat und sagte, dass Dr. Oppenshaw um Viertel vor eins zu sehen sein würde und dass Morgan, der … Bürojunge, hatte das Taxi besorgt.

Obwohl es Brownlow gelang, seine Gefühle zu verbergen, war er durch das Verhalten seines Chefs und die telefonische Nachricht an den Arzt beunruhigt; in der Tat von der ganzen Angelegenheit, denn Simon verließ das Büro erst um Schlag ein Uhr, als der Brougham anrief, um ihn zum Mittagessen zu Simpson's am Strand zu bringen.

War Simon krank? Er wagte es, die Frage zu stellen, und dabei brach ihm fast der Kopf ab.

Krank! Nein, natürlich war er nicht krank, nie ging es ihm in seinem Leben besser; Was zum Teufel brachte Brownlow auf diese Idee?

Dann machte sich der Gereizte auf die Suche nach dem Taxi, und Brownlow kehrte in sein Zimmer und zu seinen Pflichten zurück.

KAPITEL III
DR. OPPENSHAW

So wie Kaninchenbaue in der Ebene von Arizona einer gemischten Mieterschaft, in der oft ein Kaninchen, eine Eule und eine Schlange wohnen, Unterschlupf bieten, so sind die Häuser in der Harley Street in der Regel zwischen Zahnärzten, Augenärzten und Chirurgen aufgeteilt , und Ärzte, so dass Sie, wenn Sie möchten, unter einem Dach Ihre Zähne ziehen, Ihre Lungen perkussieren, Ihre Augen korrigieren und Ihr chirurgisches Leiden behandeln lassen können, und zwar jeweils auf einer anderen Etage. In der Nummer 110A , Harley Street, befand sich jedoch nur ein einziger Bewohner: Dr. Otto Oppenshaw . Dr. Oppenshaw brauchte keinen Anteil an seinen Mietlasten; Als Neurologe in der nervenaufreibendsten Stadt Europas verdiente er etwa 25.000 Dollar im Jahr.

Die Leute wurden von seiner Tür abgewiesen wie von einem Theater, in dem ein überaus erfolgreiches Theaterstück läuft. Das Hauptbedürfnis modischer Neurotiker, ein darüber hinausgehendes Verlangen, das oft durch das Verlangen nach Opiumalkaloiden und Kokain inspiriert ist, bestand darin, Oppenshaw zu sehen . Dennoch war von ihm nicht viel zu sehen: ein kleiner kahlköpfiger Mann wie eine Rübe, mit den Manieren eines Metzgers und einer goldgeränderten Brille.

Herzöge, die von dem Wunsch beseelt waren, Oppenshaw zu sehen , mussten oft hinter Händlern warten, bis sie an der Reihe waren, doch er gehorchte Simon Pettigrews Befehl. Simon war zeitweise sein Anwalt. Es war halb eins, oder vielleicht auch etwas länger, als das Taxi bei 110A anhielt und der Anwalt nach einer scharfen juristischen Diskussion über das Trinkgeld mit dem Fahrer die Stufen hinaufstieg und auf die Klingel drückte.

Die Tür wurde sofort von einem blassgesichtigen Mann in Schwarz geöffnet, der den Besucher in das Wartezimmer führte, wo ein einzelner Patient saß und einen letztjährigen Punch-Band las, *ohne* die Witze zu verstehen .

Diese Person wurde sofort gerufen, und dann war Simon an der Reihe.

Oppenshaw stand von seinem Schreibtisch auf und trat ihm entgegen.

„Es tut mir leid, Sie zu stören", sagte Simon, als sie sich begrüßt hatten. „Es ist eine schwierige und wichtige Angelegenheit, zu der ich gekommen bin, um Sie zu befragen, sonst hätte ich Ihre Zeit nicht auf diese Weise gekürzt."

„Erläutern Sie Ihren Fall", sagte der andere fröhlich, nahm wieder Platz und zeigte auf einen Stuhl.

„Das ist der Teufel daran", antwortete Simon; „Es ist ein Fall, der außerhalb der Zuständigkeit des gesunden Menschenverstandes und des Allgemeinwissens liegt. Schauen Sie mich an. Sehe ich aus, als wäre ich ein Träumer oder ein Fantasiegeschöpf?"

„Das tun Sie sicher nicht", sagte Oppenshaw offen.

„Aber was ich dir zu sagen habe, ekelt mich an – wird dich anekeln."

„Das bin ich gewohnt, das bin ich gewohnt", sagte der andere. „Nichts, was du sagen kannst, wird mich beunruhigen, abstoßen oder ungläubig machen."

„Nun, hier ist es", sagte der Patient und stürzte sich in die Sache wie ein Mann in kaltes Wasser. „Vor einem Jahr – einem Jahr und vier Wochen, denn es war am dritten Mai – ging ich eines Morgens in mein Büro und erledigte meine Geschäfte wie gewohnt. Um zwölf Uhr hatte ich – ähm – Gelegenheit, meinen Safe zu öffnen, ein Tresor, dessen Schlüssel ich allein besitze. Auf dem Deckel eines Briefkastens in diesem Tresor fand ich ein mit Bürokratie zusammengebundenes Paket aus braunem Papier. Ich war erstaunt, denn ich hatte kein Paket hineingelegt.

„Vielleicht haben Sie es vergessen", sagte Oppenshaw.

„Das vergesse ich nie", antwortete Simon.

„Mach weiter", sagte Oppenshaw.

„Ich habe das Paket geöffnet. Es enthielt Banknoten im Wert von zehntausend Pfund."

„Hm – hm."

„Zehntausend Pfund. Ich konnte meinen Augen nicht trauen. Ich ließ meinen Chefschreiber Brownlow rufen. Er konnte seinen Augen nicht trauen, und ich fürchte, er zweifelte sogar an der Aussage des gesamten Falles. Jetzt hören Sie zu. Ich beschloss, zu meinem zu gehen Bank, Cumber's, und erkundige mich nach meinem Kontostand, geplagt von der scheinbar absurden Idee, dass ich selbst diesen Betrag abgehoben und die Tatsache vergessen habe. Ich kann sofort sagen, dass dies die Wahrheit war, ich hatte *ihn* abgehoben, ohne dass ich es wusste. Nun ja, das war der dritte Mai, und wann und wo, glauben Sie, befand ich mich als nächstes?"

„Mach weiter", sagte Oppenshaw.

„In Paris am dritten Juni."

"Ah ah."

„Alles zwischen diesen Daten war leer."

„Ihr Fall ist nicht unbedingt üblich", sagte Oppenshaw . „Selten, aber nicht ohne Präzedenzfall – lesen Sie die Zeitungen. Erst gestern wurde eine Frau auf einem Sitz in Brighton gefunden. Sie hatte London vor einer Woche verlassen; die Zeitspanne war für sie völlig leer, dennoch war sie umhergereist und hatte gelebt wie eine gewöhnliche Sterbliche im Besitz ihrer gewöhnlichen Sinne.

„Warte ein bisschen", sagte Simon. „Ich wurde nicht auf einem Sitzplatz in Paris gefunden. Ich befand mich in einem prächtig eingerichteten Wohnzimmer des Bristol Hotels und war in Kleidung gekleidet, die einem jungen Mann gepasst hätte – einem Idioten von zwanzig Jahren, und ich sehr bald stellte fest, dass ich mich wie ein Idiot verhalten hatte. Von den zehntausend waren nur noch fünftausend übrig."

„Fünftausend in einem Monat", sagte Oppenshaw . „Nun, Sie haben den Preis für Ihre vorübergehende Jugend bezahlt. Sagen Sie es mir ", sagte er, „und seien Sie ganz offen. Wie waren Sie, als Sie jung waren? Ich meine, in Bezug auf Geist und Verhalten?"

Simon bewegte sich müde

„Eine Zeit lang war ich ein Narr", sagte er. „Dann habe ich mich plötzlich überprüft und bin vernünftig geworden."

Oppenshaw klopfte zweimal mit den Fingern auf seinen Schreibtisch, als würde er über seine eigene Wahrnehmung triumphieren.

„Damit ist die Sache geklärt", sagte er. „Sie litten zweifellos an der Lethmann- Krankheit."

„Guter Gott!" sagte Simon. "Was ist das?"

„Es ist eine Form der Aberration – höchst interessant. Sie haben von Doppelpersönlichkeiten gehört, über die viel Unsinn geschrieben wurde? Nun, die Lethmann- Krankheit ist genau das: Ein Mann, sagen wir, zwanzig Jahre alt, wird im Laufe der Zeit plötzlich gehemmt." In seiner Jugend wird er praktisch zu einer anderen Person. Du zum Beispiel wurdest zu einer anderen Person oder bildest dir ein, du würdest eine andere Person; du hast dich plötzlich „überprüft und bist vernünftig geworden", wie du es ausdrücktest, aber du hast dieses alte dumme Selbst nicht zerstört. Nichts ist zerstörbar im Geiste, solange das Gehirngewebe normal ist; Sie stecken es ins Gefängnis, und nach Ablauf vieler Jahre, vielleicht aufgrund eines leichten Rückgangs der Gehirnleistung, brach es aus, dominierte Sie und lebte wieder. Der Jugend muss gedient werden.

„Vielleicht wäre es für Sie besser gewesen, wenn Sie Ihrer Jugend ihren Lauf gelassen und sich normal verausgabt hätten. Sie haben den Preis Ihrer eigenen Willenskraft bezahlt. Das interessiert mich sehr. Sagen Sie mir so getreu wie möglich, was." Sie haben es in Paris getan, oder zumindest das, was Sie Ihrer Meinung nach getan haben. Haben Sie sich an Ihre Taten während des Monats der Verirrung erinnert, als Sie zu sich kamen?"

„Als ich zu mir kam", sagte Simon und sprach fast mit zusammengebissenen Zähnen, „war ich wie jemand, der fassungslos war. Dann erinnerte ich mich Stück für Stück daran, was ich getan hatte, aber es war, als würde ich mich vage daran erinnern, was ein anderer Mann gewesen war." tun."

„Richtig", sagte Oppenshaw, „das stimmt mit Ihrem Fall überein. Fahren Sie fort."

„Ich habe dumme Dinge getan. Ich habe sozusagen an der Oberfläche des Lebens gelebt, ohne an etwas anderes als Vergnügen zu denken, ohne die geringste Erinnerung an mich selbst, wie ich bin. Ich habe Dinge getan, die ich hätte tun können." mit zwanzig gemacht – extravagante Torheiten; aber ich glaube nicht an wirklich bösartige Taten. Zum einen hatte ich zu viel Champagner getrunken, und es waren mehrere Damen da ... Mein Gott! Oppenshaw, ich würde erröten, wenn ich es gestehen würde irgendjemand sonst, aber ich habe wie ein Junge weitergemacht, in Fontainebleau Blumen gepflückt und einem dieser Huren Verse geschrieben. Daran konnte ich mich erinnern. Ich! – Verse über blauen Himmel und Bäche und so etwas! Ich! Es ist schrecklich!"

„Haben Sie als Kind Verse geschrieben?"

„Ja", sagte Simon, „ich glaube, ich habe mich immer so lächerlich gemacht."

„Du warst voller Lebensfreude?"

"Das nehme ich an."

„Sehen Sie, alles stimmt. Ja, ohne jeden Zweifel handelt es sich um einen Fall von vollständiger Lethmann-Krankheit. Nun sagen Sie mir, als Sie zu sich kamen, konnten Sie sich an alle Ihre Taten in Paris erinnern; wie weit reichte diese Erinnerung zurück? ?"

„Ich konnte mich noch dunkel an die Zeit erinnern, als ich das Büro im Old Serjeants' Inn mit dem Bündel Banknoten verließ, um zur Bank zu gehen. Dann schien es, als hätte ich plötzlich meine Vergangenheit ganz vergessen und wurde wie ..." Sie behaupten, ich selbst mit zwanzig. Ich ging zum Charing Cross Hotel, wo ich anscheinend bereits Zimmer für mich gemietet hatte und wo ich angeordnet hatte, dass mir neue Kleidung geschickt werden sollte, und dann ging ich nach Paris.

„Das ist das Wichtigste", sagte Oppenshaw . „Sie hatten bereits Zimmer gemietet und Kleidung bestellt. Diese Taten müssen begangen worden sein, bevor die große Veränderung über Sie hereinbrach, und natürlich ohne Ihr Wissen."

„Sie müssen. Auch die Abhebung der Zehntausend von der Bank."

„Das verborgene andere Selbst muss mindestens einige Tage lang wie ein Maulwurf im Dunkeln gearbeitet haben", sagte Oppenshaw , „völlig ohne Ihr Wissen."

"Vollkommen."

„Dann, nachdem es auf eine vage Art und Weise ein Mittel zum Vergnügen vorbereitet hatte, brach es hervor; es war wie ein Schmetterling, der aus einer Puppe schlüpft – entschuldigen Sie das Gleichnis."

"So ähnlich."

„So weit so gut. Nun, was haben Sie getan, als Sie in Paris zu Ihrem alten Ich zurückgekehrt sind?"

„Ich bin natürlich nach London zurückgekommen."

„Aber Ihr plötzliches Verschwinden muss sicherlich Besorgnis erregt haben? Na ja, es hätte in den Zeitungen gestanden."

„Kein bisschen", sagte Simon grimmig. „Mein anderes Ich, wie Sie es nennen, hatte sich darauf vorbereitet. Es scheint, als hätte ich in der Nacht, bevor die Sache passierte, zu Mudd – Sie wissen schon, Mudd, dem Butler – gesagt, dass ich vielleicht plötzlich abgerufen werde und längere Zeit abwesend sein könnte, dass ich … Ich würde Kleidung, Nachthemden und andere Dinge kaufen, wenn das so wäre, an dem Ort, zu dem ich wollte, und dass er dem Büro Bescheid geben sollte, wenn ich wegginge, und Brownlow sagen sollte, er solle weitermachen. Höllisch, nicht wahr?"

„Höllisch genial", sagte Oppenshaw ; „Aber wenn Sie sich jemals mit dem Thema der Duplex- Persönlichkeit befasst hätten, wären Sie nicht überrascht. Ich habe gesehen, wie ein junges religiöses Mädchen völlig ohne ihr eigenes Wissen äußerst komplexe Vorbereitungen für eine Reise als Missionarin nach China traf. Wir haben sie am Bahnhof erwischt Glücklicherweise gerade noch rechtzeitig – aber wie haben Sie herausgefunden, dass Sie Mudd diese Anweisungen gegeben haben?"

„Auf dem ganzen Rückweg von Paris", sagte Simon, „bereitete ich mich auf allerlei Fragen und Ärger wegen meiner Abwesenheit vor. Als ich dann zu Hause ankam, schien Mudd nicht daran gedacht zu haben, aus dem Weg zu gehen; er erzählte es." Er hatte meine Anweisungen befolgt und das Büro benachrichtigt, als ich nicht zurückkam, und ihnen mitgeteilt, dass ich möglicherweise einige Zeit weg sein würde. Dann habe ich aus ihm herausgefunden, was ich über die Kleidung und so weiter gesagt hatte.

„Erzähl es mir ", sagte er Oppenshaw fragte plötzlich: „Warum bist du heute zu mir gekommen, um mir das alles zu erzählen?"

„Weil", sagte Simon, „als ich heute Morgen meinen Safe öffnete, in einer Brieftasche oben auf dem Briefkasten ein weiteres Bündel Banknoten über genau denselben Betrag fand."

KAPITEL IV
DR. OPPENSHAW – *Fortsetzung*

Oppenshaw pfiff.

„Ein Bündel Banknoten im Wert von zehntausend Pfund", sagte Simon; „Genau die gleiche Menge."

Oppenshaw betrachtete sorgfältig seine Nägel, ohne zu sprechen. Simon beobachtete ihn.

„Sagen Sie mir ", sagte Simon, „kommt diese verdammte Krankheit, oder was auch immer es ist, immer wieder vor?"

„Sie meinen, haben Sie Angst, dass Ihr altes Ich – oder besser gesagt Ihr junges Ich – sich auf einen weiteren Ausbruch vorbereitet?"

"Genau."

„Dass diese Ihnen unbekannte Zeichnung weiterer Zehntausend nur der erste Akt eines ähnlichen Dramas ist, oder sollen wir lieber Komödie sagen?"

"Ja."

„Nun, das kann ich nicht mit Sicherheit sagen, denn die Krankheit, oder das Leiden, wenn man den Begriff besser mag, steht noch nicht lange genug vor den Augen der Wissenschaft, um ganz eindeutige Aussagen zu treffen. Aber soweit ich das beurteilen kann , ich fürchte, das ist es."

Simon schluckte.

„Abgesehen von der Ähnlichkeit der Aktion und der Höhe des abgezogenen Geldes haben wir die zeitliche Ähnlichkeit. Es stimmt, dass Sie letztes Jahr im Mai das Unternehmen gegründet haben."

„Der dritte Mai, ein Monat Unterschied", sagte Simon.

„Stimmt, aber es ist weniger eine Frage eines Monats mehr oder weniger als vielmehr eine Frage der Saison. Der letzte Anfang Mai und Ende April waren ungewöhnlich gut. Ich kann mich daran erinnern, denn ich musste in die Schweiz. Dieser Mai war schrecklich. Dann während des Letzte Woche hatten wir diesen Ausbruch von herrlichem Wetter – Wetter, bei dem ich mich wieder jung fühle."

„Das tue ich nicht", sagte Simon.

„Nein, aber es hat offensichtlich – zumindest wahrscheinlich – diese Wirkung auf dein anderes ‚Ich' gehabt." Das Etwas, das die Schwalbe zur

Rückkehr drängt, hat mit dem Einzug des frühlingshaften Wetters genau wie letztes Jahr in Ihrem Unterbewusstsein gewirkt."

„Verdammte Schwalben!" rief Simon, stand auf und ging auf und ab. „Angenommen, dieses Ding lässt mich für weitere fünftausend rein, und Gott weiß was noch? Oppenshaw ", drehte sich plötzlich um, „gibt es nichts zu tun? Wie kann ich es aufhalten?"

„Nun", sagte Oppenshaw , „ganz ehrlich, ich denke, dass das beste Mittel die Ausübung Ihrer eigenen Willenskraft ist. Sie könnten die Banknoten natürlich zur Bank zurückbringen und sie anweisen, Ihnen nicht zu erlauben, welche zu ziehen." mehr Geld für, sagen wir, einen Monat – aber das wäre unangenehm."

"Unmöglich!"

„Du könntest dich vielleicht noch einmal zurückhalten. Das könnte ich für dich tun."

„Mich in ein Irrenhaus versetzen?"

„Nein, nein – ein Pflegeheim."

"Niemals!"

„Sie könnten Ihren Butler wiederum anweisen, Ihnen zu folgen und Sie tatsächlich den nächsten Monat im Auge zu behalten."

„Schlamm!"

"Ja."

„Eher sterben. Konnte ihm nie wieder ins Gesicht sehen."

„Haben Sie nahestehende und vertrauenswürdige Verwandte?"

„Nur ein Neffe, absolut wild und unzuverlässig; ein Kerl, den ich aus meinem Testament gestrichen habe und dem ich sein Taschengeld streichen musste."

„Und du bist nicht verheiratet – das ist schade. Eine Frau –"

„Hängt Frauen!" rief Simon. „Was nützt es, vom Undurchführbaren zu reden?"

„Nun, da sind wir", fuhr Oppenshaw völlig gelassen fort. „Ich habe alles vorgeschlagen; es bleibt nur noch der Wille übrig. Der größte Freund eines Menschen ist sein Wille. Stellen Sie in Ihrem eigenen Kopf fest, dass diese Änderung *nicht* stattfinden wird. Ich glaube, das wird Ihr sicherster Plan sein. Die anderen, die ich vorgeschlagen habe, sind es." Alles ist unmöglich für Ihr *eigentliches Liebesgefühl* , und außerdem gibt es den schwerwiegenden Einwand, dass sie nach Gewalt riechen . Es könnte schlimme Folgen haben,

Gewalt auf etwas anzuwenden, das praktisch das Unterbewusstsein wäre. Ihr Wille ist ganz anders. Will kann Bringen Sie niemals Ihren Geist aus dem Gleichgewicht. Tatsächlich hat ein berühmter englischer Neurologe es so ausgedrückt: „Die meisten Fälle von Geistesstörungen sind auf ein aufgeblähtes Ego – einen entleerten Willen" zurückzuführen."

„Oh, mein Testament ist in Ordnung", sagte Simon.

„Nun, dann nutzen Sie es und machen Sie sich keine Sorgen. Sagen Sie sich auf jeden Fall: ‚Das wird nicht sein.'"

„Und das Geld im Safe?"

„Lassen Sie es dort. Fordern Sie Ihr anderes Selbst heraus, es zu nehmen. Es zu entfernen und in eine andere Aufbewahrung zu bringen, wäre eine Schwäche."

„Danke", sagte Simon. „Ich verstehe, was du meinst." Er holte seine Handtasche heraus und legte fünf Guineen auf den Schreibtisch. Oppenshaw schien das Geld nicht zu sehen. Er begleitete seinen Patienten zur Tür. Es war halb eins.

KAPITEL V
ICH WERDE NICHT ER SEIN

Draußen in der Harley Street ging Simon eilig und ohne Ziel. Die Mittagszeit war schon vorbei; er hatte die Tatsache vergessen.

Oppenshaw war einer dieser Männer, die Überzeugungen trugen. Sie werden im Leben bemerkt haben, dass viele Menschen nicht überzeugen können; Sie mögen gut sein, sie mögen ernst sein, aber sie überzeugen nicht. Wenn sie einen ausgewachsenen Hund auf dem Weltmarkt verkaufen, haben sie kaum eine Chance gegen einen überzeugenden Konkurrenten, der einen Welpen verkauft.

Oppenshaws 25.000 pro Jahr stammten zu einem großen Teil aus dieser Qualität. Er hatte Simon von der Tatsache überzeugt, dass in Simon ein Jugendlicher steckte, der einst Simon war – ein Jugendlicher, der zwar unsichtbar und der Welt unbekannt war, aber immer noch sein Behältnis beherrschen konnte, selbst wenn er sich in sein Bankguthaben einmischte.

Das war für Simon in diesem Moment die wichtigste Tatsache der Situation. Es war schon schlimm genug, dass dieser alte, herrische Jüngling ihn dazu bringen konnte, sich dumm zu verhalten, aber das war nichts im Vergleich zu der Tatsache, dass er in der Lage war, sein Geld zu manipulieren.

Simons Geld war der feste Boden unter seinen Füßen, und er erkannte jetzt, dass es ihm alles bedeutete – alles. Er hätte im Notfall alles andere opfern können; Er hätte Mudd, seine Möbel, seine alten Drucke, seinen Keller opfern können, aber sein Geld war noch mehr als der Boden unter seinen Füßen – es war er selbst.

Angenommen, diese Krankheit würde häufig und in kürzeren Abständen wiederkehren oder chronisch werden?

Er berechnete fieberhaft, dass sein Vermögen bei einem monatlichen Einkommen von fünftausend etwa anderthalb Jahre reichen würde. Er sah, wie seine Wertpapiere verkauft wurden, sein Eigentum in Hertfordshire, seine Möbel, seine Bilder.

Es stimmt, er hatte ein Heilmittel: sich selbst in die Schranken zu weisen. Eine schöne Art von Heilmittel!

Oppenshaw zurückzukehren, in der vagen Hoffnung, dass noch etwas getan werden könnte – eine Operation zum Beispiel Beispiel. Er wusste wenig über Medizin und noch weniger über Chirurgie, aber er hatte von Menschen gehört, die wegen Hirnschädigungen operiert wurden, und er erinnerte sich jetzt, dass er von einem alten Admiral gelesen hatte, der aufgrund einer

Verletzung in der Schlacht am Nil das Bewusstsein verloren hatte. und blieb bewusstlos, bis ihn einige Monate später eine Operation heilte.

Das instinktive Gefühl, dass es sinnlos sein würde, bewahrte ihn davor, Oppenshaw noch einmal zu belästigen. Man kann die Torheiten der Jugend nicht durch eine Operation beseitigen. Er ging weiter in Richtung Oxford Street, aber immer noch ohne Einwände.

Was seine Position noch verschlimmerte, war sein Instinkt als Anwalt. Vierzig Jahre lang war er unter anderem damit beschäftigt, die Jugend zu fesseln, damit sie nicht an Eigentum gelangen konnte, und die Jugend aus den Fallstricken zu befreien, in die sie geraten war, während sie Eigentum in ihren Armen trug. Allein die Worte „Jugend" und „Eigentum", die an sich harmlos waren, waren für Simon abstoßend, wenn sie miteinander verbunden wurden. Er war immer der Meinung gewesen, dass kein junger Mann erben sollte, bevor er fünfundzwanzig war, und diese Meinung hatte, wie der Himmel weiß, eine feste Grundlage in der Erfahrung. Er hatte die Jugend und ihre Taten immer misstrauisch betrachtet. In der Praxis war er tolerant genug gewesen, obwohl die Jugend einem fleißigen und prominenten älteren Anwalt in der Tat nicht viel im Wege steht, aber in der Rechtswissenschaft, und er war überwiegend Jurist, hatte er wenig Toleranz, keinen Respekt .

Und hier war der Junge mit *seinem* Eigentum in seinen Armen oder, was vielleicht noch schlimmer war, der drohenden Angst vor dieser unheiligen Allianz.

In der Oxford Street blieb er an einem Schaufenster stehen und begutachtete Damenblusen – das war seine Gemütsverfassung; Die Schaufenster der Juweliere hielten ihn gefangen, nicht durch die Qualität ihrer Waren, sondern durch die Notwendigkeit, der Menge den Rücken zu kehren und nachzudenken – denken – denken.

Sein Geist war in Aufruhr, und er konnte seine Gedanken genauso wenig kontrollieren, wie er den Verkehr hätte kontrollieren können; Die Waren der Kaufleute, die der Öffentlichkeit zugänglich waren, schienen das Denken zu übernehmen. Gold Alberts schaute ihm nur zu, um ihm zu erklären, dass seine auf den Markt gebrachten Ländereien in Hertfordshire beim gegenwärtigen Stand der Landwirtschaft nicht einmal den Zehnten ihres Wertes einbringen würden, dass sein Sherry mit grünen Robben und alle Schätze seines Kellers jedoch die Hälfte davon einbringen würden West End zu ihrem Verkauf – Old Pettigrews Keller.

Andere Dinge in anderen Geschäften sprachen ihn in ähnlicher Weise an, und dann befand er sich im Oxford Circus mit dem plötzlichen Bewusstsein, dass es sich *hier* nicht um die Bekämpfung der Lethmann- Krankheit durch

Willensübung handelte. Sein Wille war tatsächlich in der Schwebe gewesen, seine Einbildungskraft hatte ihn beherrscht.

Aber ein Zufluchtsort mitten im Oxford Circus war nicht gerade der richtige Ort, um seine Willenskraft neu auszurüsten; Die Anstrengung hätte ihn beinahe das Leben gekostet, als er von einem Lastwagen überquerte. Als er dann die andere Seite erreicht hatte und gefahrlos die Arbeit wieder aufnehmen konnte, stellte er fest, dass er offenbar keinen Willen hatte, sich neu auszurüsten.

Er wiederholte immer wieder die Worte: „Ich werde nicht er sein – ich werde nicht er sein." Das schien für einen Moment in Ordnung zu sein, und er hätte sich davon überzeugt, dass seine Willenskraft hervorragend funktionierte, wenn nicht plötzlich ein kalter Zweifel in seinem Herzen aufgetaucht wäre, ob die richtige Formel nicht lauten sollte: „Er wird es nicht sein." Mich."

Ah! Das war der Kern des Geschäfts. Es war ziemlich einfach zu entscheiden: „Ich werde nicht er sein", aber als es zu der Erklärung kam: „Er wird nicht ich sein", stellte Simon fest, dass er in dieser Angelegenheit keine Willenskraft hatte. Es war ziemlich einfach, festzustellen, dass er keine dummen Dinge tun würde, und es war unmöglich, festzustellen, dass ein anderer sie nicht tun sollte.

Dann kam ihm wie ein Blitz in den Sinn, dass der andere keine Persönlichkeit war, sondern vielmehr eine Kombination aus dummen Handlungen, alten Wünschen und fremden Motiven, die auf die Welt ohne Regierung losgelassen wurden.

Er verwandelte sich mechanisch in Verreys ' und hatte einen Hieb. Bei Simpson's am Strand hatte er immer ein Kotelett oder ein Stück vom Sattel oder ein Stück vom Lendenstück – wie die Rasiermesser, die abwechselnd aufeinanderfolgenden Tagesmenüs. Dies war ein harter Tag, genau wie es ein „Dienstag" war, und die Gewohnheit verhinderte, dass er diese Tatsache vergaß. Das Kotelett und eine halbe Flasche St. Estéphe gaben ihm das Gefühl, ein stärkerer Mann zu sein. Er wurde plötzlich fröhlich und tapfer.

„Wenn es zum Schlimmsten kommt", sagte er sich, „ *kann ich* mich selbst in Gewahrsam nehmen; niemand braucht es zu wissen. Ja, mein Gott! Das habe ich immer. Ich kann mich selbst überwachen. Na, verdammt! mein Geld, damit ich es nicht anfassen kann; es ist ganz einfach.

Der Kotelett und St. Estéphe , die ihn aus dem Sumpf der Verzweiflung zogen, sagten ihm dies. Es war ein sicherer Weg, dem Verlust seines Geldes zu entkommen. Er hatte die Idee bei Oppenshaw's wütend zurückgewiesen , aber bei Oppenshaw's hatte sein Anwesen keine Zeit gehabt, ausführlich mit ihm zu reden, aber auf dieser schrecklichen Reise von Harley Street nach

Verrey 's war er Arm in Arm mit seinem Anwesen auf der einen Seite plappernd gegangen und dumme Insolvenz auf der anderen Seite.

Zurückhaltung wäre für ihn fast so abscheulich gewesen wie Bankrott, doch jetzt erschien es ihm als sicherer Ausweg aus dem anderen fast eine angenehme Aussicht.

Er verließ Verreys und ging mit einem strahlenden und besseren Gefühl weiter. Er bog in das Athenæum ein . Es war Zeit, im Athenæum einzutreten , und die großen Sessel waren voller schläfriger Menschen, deren kahle Köpfe herabhingen und deren Backenbart unter den Blättern der *Times verborgen war* . Hier traf er Sir Ralph Puttick, Hon. Arzt Seiner Majestät, steif, weltmännisch, stattlich, scheinbar immer auf beiden Seiten von einem Löwen und einem Einhorn gestützt.

Sir Ralph und Simon kannten einander und hatten viele Gemeinsamkeiten, darunter auch den Antisozialismus.

In den Sesseln sprachen sie über Lloyd George – zumindest Sir Ralph, Simon hatte andere Gedanken im Kopf. Er beugte sich in seinem Stuhl nach vorne und fragte plötzlich, ohne etwas zu sagen:

„Haben Sie jemals von einer Krankheit namens Lethmann- Krankheit gehört?"

Jetzt war Sir Ralph Brust und Herz, sonst nichts. Er ärgerte sich auch darüber, dass ihm ein verdammter Anwalt plötzlich „Shop" aufgedrängt hatte, denn Simon war „Simon Pettigrew, ein echter Charakter, einer unserer altmodischen, erstklassigen englischen Anwälte", als Sir Ralph in einer guten Lage war Temperament und dachte zufällig an Simon; verärgert war Simon ein „verdammter Anwalt".

„Niemals", sagte Sir Ralph. „Welche Krankheit hast du gesagt?"

„ Lethmann-Syndrom . Es scheint eine neue Krankheit zu sein."

Ein weiterer schrecklicher Fehler, als ob der Löwe und der Einhornmann nur alte Krankheiten kannten – veraltet, um genau zu sein.

„Niemals", antwortete der andere. „So etwas gibt es nicht. Wer hat dir davon erzählt?"

„Ich habe darüber gelesen", sagte Simon. Er versuchte, ein Bild der Symptome zu vermitteln und konnte nicht überzeugen, aber es gelang ihm, zu irritieren. Der Halbkönig hörte mit scheinbarer Aufmerksamkeit und sogar Interesse zu; Dann, als der andere fertig war, öffnete er seine Batterien.

Simon verließ den Club mit dem Gefühl, dass er neben Scharlatanen, Quacksalbern und dem Verfechter verrückter Theorien in den Zeugenstand gestellt worden war; auch , dass er brüskiert worden sei.

KAPITEL VI
TIDD UND RENSHAW

Hat es ihm etwas ausgemacht? Kein Bisschen; er hat es genossen.

Wenn Sir Ralph ihn aus dem Athenæum geworfen hätte, weil er dort falsche Wissenschaft verbreitete, hätte es ihm Spaß gemacht. Ihm hätte es gefallen, wenn er die Theorie der Doppelpersönlichkeit in Form der Lethmann-Krankheit diskreditiert und diskreditiert hätte.

Denn jetzt hatte seine gejagte Seele, die einen Moment lang Zuflucht beim Gedanken an Pflegeheime und Zurückhaltung gesucht hatte, diesen Bau verlassen und flüchtete in Zweifel.

Das Ganze war sicherlich absurd. Die Affäre vom letzten Jahr *muss* eine vorübergehende Abweichung aufgrund von Überarbeitung gewesen sein, obwohl er tatsächlich unbewusst weitere zehntausend von der Bank abgezogen hatte; Es war offensichtlich töricht zu glauben, dass ein Mann von einer Bilderbuchkrankheit befallen sein könnte. Er hatte Dr. Jekyll und Mr. Hyde gelesen – diese wilde Fiktion! Wenn das wahr wäre, wäre es eine ebenso wilde Fiktion. Plötzlich empfand er eine Fülle von Trost. Es gab ihm einen neuen Überblick über die Situation und wies darauf hin, dass die gesamte von Oppenshaw vorgeschlagene Angelegenheit auf einer Ebene mit einer „albernen Sensationsgeschichte" sei, das heißt mit dem Unmöglichen – also Unmöglichen.

Er machte einen schwerwiegenden Fehler – den Fehler, Dr. Jekyll und Mr. Hyde als „alberne Sensationsgeschichte" zu bezeichnen.

Jedenfalls tröstete ihn das, was er als Tatsache ansah, und beim Abendessen an diesem Abend war er so erholt, dass er murren konnte, weil das Hammelfleisch „in Lumpen zerfallen" sei.

Er aß alleine.

Da er am Nachmittag nicht ins Büro zurückgekehrt war, hatte Brownlow ihm einige Unterlagen zu einem damals anhängigen Rechtsfall geschickt. Es kam oft vor, dass Simon Geschäfte mit nach Hause nahm oder, wenn er nicht im Büro erscheinen konnte, ihm wichtige Unterlagen nach Hause geschickt wurden.

Heute Abend zog er sich, wie es Brauch war, in seine Bibliothek zurück, trank seinen Kaffee, breitete die Dokumente aus und machte sich, bequem in einem riesigen Ledersessel sitzend, an die Arbeit.

Es war ein schwieriger Fall, der Fall Tidd *gegen* Renshaw, kompliziert durch alle möglichen übergreifenden Themen und Strömungen. In seinem trockenen Juristenjargon ging es um den Titel eines Londoner Hausbesitzes, den Kredit einer Frau, das Glück einer Familie und ein paar andere Dinge, die für Simon, der mit dem Recht des Falles befasst war, allesamt keinerlei Bedeutung hatten die beteiligten Menschen waren einfach wie die Schachfiguren in den Händen des Spielers; und zwangsläufig wäre ein Anwalt, der zuließ, dass seine Ansichten von menschlichen Erwägungen beeinflusst wurden , ein nicht vertrauenswürdiger Anwalt.

Um zehn Uhr legte Simon plötzlich die Dokumente neben sich auf den Boden, stand auf, klingelte und stellte sich mit auf dem Rücken verschränkten Händen auf den Kaminvorleger.

Mudd erschien.

„Mudd", sagte Simon, „ich könnte morgen abberufen werden und eine Zeit lang abwesend sein. Wenn ich nicht im Büro bin, wenn der Wagen mich zum Mittagessen abholt, können Sie dem Büro mitteilen, dass ich abberufen wurde." . Du brauchst dir nicht die Mühe zu machen, Sachen für mich zu packen; ich werde alles kaufen, was ich will, wo ich hingehe."

„Ich könnte leicht eine Tasche für dich packen", sagte Mudd, „und du könntest sie mit ins Büro nehmen."

„Ich möchte keine Tasche. Ich habe dir den Weg gegeben", sagte Simon, und Mudd ging murrend und brüskierend davon.

Dann setzte sich der Anwalt hin und stürzte sich erneut in die Rechtswissenschaft, faltete die Dokumente um elf Uhr zusammen und legte sie sorgfältig in seinen Schreibtisch. Dann schaltete er das elektrische Licht aus, untersuchte die Flurtür, um sicherzustellen, dass sie richtig verriegelt war, und ging mit dem Fall Tidd *v.* Renshaw als Schlummertrunk zu Bett.

Es hing wie ein Halbschatten um seinen Geist, während er sich auszog, und wehrte die Gedanken über Oppenshaw und seinen eigenen Zustand, die ihm in den Sinn kommen wollten, ganz oder teilweise ab.

Dann schlüpfte er ins Bett und schlief ein, während er weiterhin Tidd *v.* Renshaw durch die Labyrinthe des Gesetzes verfolgte und sich an ihren Schwänzen festhielt.

KAPITEL VII
DIE BRIEFTASCHE

Als er erwachte, als Mudd die Jalousien herunterzog, erlebte er einen weiteren perfekten Tag – einen Sommermorgen, luxuriös und warm, selbst in London wunderschön. Im Land des Schlafes hatte er die Bindung an Tidd und Renshaw verloren, aber er hatte seine Stärke und sein Selbstvertrauen wiedergefunden.

Der Schrecken der Lethmann- Krankheit war verschwunden; Die Sache war absurd, er hatte sich vor einem Schreckgespenst erschreckt. Oppenshaw war ein kluger Mann, aber er war ein Spezialist, der immer an Nervenkrankheiten dachte und in einer solchen Atmosphäre lebte. Sir Ralph Puttick hingegen war ein Mann mit fundiertem Verständnis und umfassenderen Ansichten – ein vernünftiger Mann.

Also sagte er sich, während er „Wednesday" aus dem Etui nahm und sich rasierte. Dann kam er zu demselben gekräuselten Speck und derselben ausgestrahlten *Times* , zog denselben Mantel und Hut an, stieg in denselben alten Brougham und machte sich auf den Weg ins Büro.

Er ging in sein Zimmer, wo seine üblichen Morgenbriefe für ihn ausgelegt waren. Aber er legte Mantel und Hut nicht ab. Er war zu einem Entschluss gekommen. Oppenshaw hatte ihm gesagt, er solle die Brieftasche dort lassen, wo sie war, und die Scheine nicht zur Bank zurückbringen, da dies eine Schwäche wäre. Sir Ralph Puttick sagte ihm jetzt, dass Oppenshaw ein Narr sei. Die wahre Schwäche bestünde darin, dem Rat von Oppenshaw zu folgen . Diesem Rat zu folgen hieße, mit diesem Geschäft herumzuspielen und zuzugeben, dass darin Realität steckt; außerdem konnte er mit diesen Notizen im Safe hinter sich nie seine Morgenarbeit erledigen.

NEIN; Zurück sollten diese Scheine an die Bank gehen. Er öffnete den Safe und da lag die Brieftasche wie ein böses Genie auf dem Briefkasten. Er nahm es heraus, klemmte es sich unter den Arm, schloss den Safe ab und verließ das Zimmer.

Im Vorzimmer waren alle Angestellten beschäftigt, und Brownlow saß mit geschlossener Tür in seinem Zimmer.

Simon, die Brieftasche unter dem Arm, ging hinaus und ging durch das Gelände des Old Serjeants' Inn zur Fleet Street, wo ihm ein warmer, sommerlicher und doch frühlingshafter Windstoß ins Gesicht wehte.

TEIL II

KAPITEL I
DAS ERWACHEN DER SEELE

Er hob den Kopf, schnupperte, als würde er etwas einatmen, und beschleunigte seinen Schritt.

Was für ein herrlicher Tag es war; Sogar Fleet Street hatte einen Hauch von Jugendlichkeit.

Eine Blumenfrau und ihre Waren fielen ihm ins Auge; Er kaufte einen Strauß Spätveilchen und tauchte mit zurückgekipptem Hut in seine Hosentasche, um eine Handvoll Silber hervorzuholen. Er gab ihr einen Schilling und ging, ohne um Wechselgeld zu bitten, weiter, die Veilchen im Knopfloch.

Er flog nach Westen wie eine Brieftaube. Er ging wie ein Mann, der es eilig hat, aber ohne Ziel, sein Blick überflog die Dinge und schien nur auf farbigen oder angenehm anzusehenden Dingen zu ruhen, seine Augen zeigten keine Spekulation. Er schien ein Mensch zu sein, der nicht mehr als die Vergangenheit eines Träumers hatte. Die Gegenwart schien ihm alles – genauso wie sie dem Träumer ist.

Am Strand blieb er hier und da stehen, um einen Blick auf den Inhalt der Geschäfte zu werfen; Krawatten zogen ihn an. Dann zog ihn Fuller's durch seine Farbe an . Er trank ein Vanille-Erdbeer-Eis und plauderte mit den Mädchen, die seine Annäherungsversuche allerdings nicht gerade positiv aufnahmen .

Dann kam er zu Romanos'; es zog ihn an, und er ging hinein. Vergoldete Jugendliche tranken an der Bar, und ein Cocktail, den der Barkeeper mixte, faszinierte Simon durch seine Farbe ; Er hatte so eins, unterhielt sich mit dem Mann, bezahlte und ging hinaus.

Mittlerweile war es elf.

Immer noch fröhlich und leichtfüßig gehend, wie man in einem glücklichen Traum geht, erreichte er das Charing Cross Hotel, bat den Portier, ihm die von ihm reservierten Zimmer zu zeigen, und erkundigte sich, ob sein Gepäck angekommen sei.

Das Gepäck war angekommen und wurde im Schlafzimmer der Suite deponiert: zwei große, brandneue Koffer und eine Hutschachtel, außerdem eine Bandschachtel von Lincoln Bennett's.

Die Koffer und die Hutschachtel waren verschlossen, aber in der Schmuckschachtel befanden sich die Schlüssel, eingeklebt in einem Umschlag; In der Bandschachtel befand sich auch ein Strohhut – ein Bootsfahrer.

Nachdem der Portier die Koffer abgeschnallt hatte, ging er mit einem Trinkgeld davon, und unser Herr begann schnell und mit dem Eifer eines Kindes, das auf eine Party geht, auszupacken.

O Jugend! Was für ein Star du bist, und doch was für eine Torheit! Und doch kann einem alle Weisheit die Freude am ersten Ballkleid, am nagelneuen Anzug des jungen Mannes bereiten? Und es gab brandneue Anzüge und als Ersatz karierten Tweed, blauen Serge und Bootsflanell; Auch Schuhe und Stiefel von Burlington Arcade, Krawatten und Socken von Beale und Inman's.

Es war wie eine Aussteuer.

Beim Auspacken pfiff er. Pfiff eine Melodie, die in den Sechzigern noch jung war – „Champagne Charley", nicht weniger.

Dann zog er sich an, steckte energisch den Kopf in ein gestreiftes Hemd, zog eine lila Krawatte, lila Socken und einen grauen Tweedanzug von ausgezeichnetem Schnitt an.

Alle seine Bewegungen waren fieberhaft, leicht und schnell. Er schien die Einzelheiten des Raumes um ihn herum nicht zu bemerken; Er schien in Eile an der Oberfläche der Dinge entlangzufliegen, um ein Ziel der Freude zu erreichen. Mit geröteten Augen und strahlenden Augen sah er kaum aus wie fünfzig, doch trotz dieser Altersverringerung hatte seine allgemeine Aufmachung einen Hauch von Raffinesse. Mit fünfzig sind lila Socken und Krawatten etwas unpassend; Ein „Boater" aus Stroh verringert die Wirkung nicht, ebenso wenig wie gebräunte Schuhe.

Aber Simon war mit sich ganz zufrieden.

Noch immer pfiff er, packte seine alten Sachen in eine Schublade und ließ die anderen Sachen herumliegen, damit die Diener sie wegräumen konnten, und setzte sich mit der Brieftasche in den Händen auf die Bettkante.

Er öffnete es und breitete die Notizen auf der Decke aus. Das wunderschöne Bündel, das man „platzen" lassen oder mit dem man machen konnte, was er wollte, hielt ihn in seinem Bann, als er den Inhalt umblätterte, ohne die Menge zu zählen, sondern nur die Notizen und die riesigen Summen auf den meisten davon zu prüfen.

Himmel! Was für eine Freude, selbst im Traum! Jung und absolut frei von allen Zwängen, frei von allen Bindungen, ohne Rücksicht auf Verwandte, ohne Rücksicht auf alles außer der unmittelbaren Umgebung, mit jungfräulichen Gelüsten und Wünschen und zahllosen Herrschern, mit denen man ihnen begegnen kann. Er ließ seine Absätze baumeln, den Strohhut neben sich, und freute sich über seinen Schatz; Dann nahm er drei Zehn-Pfund-Scheine heraus, steckte den Rest in die Brieftasche, schloss die

Brieftasche in seinem Koffer ein und steckte den Schlüssel unter den Kleiderschrank.

Dann verließ er sein Zimmer und kam mit seinem Strohhut auf dem Hinterkopf und einem Lächeln für ein hübsches Zimmermädchen, das an ihm vorbeikam, die Treppe hinunter.

Das Mädchen lachte und warf einen Blick zurück, aber ob sie über ihn lachte oder mit ihm, ließ sich schwer sagen. Zimmermädchen haben seltsame Geschmäcker.

In der Halle traf er Moxon , Senior Partner bei Plunder's, dem großen Wechseldiskontunternehmen; ein großer Mann mit ernstem Gesicht und ernstem Auftreten.

„Warum, Gott segne meine Seele, Pettigrew!" rief Moxon , „ich kannte dich kaum."

„Du bist mir überlegen, alter Schwanz", antwortete Simon leichthin, „denn ich bin – falls ich dich jemals zuvor getroffen habe."

„Mein Fehler", sagte Moxon .

Es waren Pettigrews Gesicht und seine Stimme, aber der Rest war nicht Pettigrew, und der Geldschein-Discounter eilte davon, mit dem Gefühl, auf das Unheimliche gestoßen zu sein – und das war der Fall.

Simon blieb im Büro stehen, unterhielt sich mit einer Verkäuferin leicht über das Wetter und wandte sich ihr mit dem bereits erwähnten lebhaften Witz zu. Sie war beschäftigt und steif, und das Wetter und sein Witz schienen sie nicht zu interessieren. Dann bat er um Wechselgeld für eine Zehn-Pfund-Note, und sie gab sie ihm in Sovereigns; dann bat er um den Wechsel eines Souveräns – sie gab es ihm; Dann bat er grinsend um einen Schilling als Wechselgeld. Sie war jetzt empört; das, was sie zum Lachen hätte bringen sollen, schien sie zu erzürnen. Tu, was er konnte, er konnte sie nicht wärmen.

Sie war kälter als die Eismädchen. Was zum Teufel war mit ihnen allen los? Sie warf das Wechselgeld für den Schilling auf den Tisch und wandte sich wieder ihren Büchern zu.

Er schob seinen Hut weiter nach hinten und klopfte mit einem Penny auf den Sims.

Sie ist aufgestanden.

„Na, was ist jetzt?"

„Kannst du mir bitte einen Penny wechseln?" sagte Simon.

"Frau Jones!" rief das Mädchen.

Eine korpulente Managerin in Schwarz erschien.

„Ich weiß nicht, was dieser Herr meint."

Die Geschäftsführerin blickte den Narren mit hochgezogenen Augenbrauen an.

„Ich habe die junge Dame um einen Penny als Wechselgeld gebeten. Können Sie mir bitte zwei halbe Pence für einen Penny geben?"

Die Geschäftsführerin öffnete die Kasse und gab das Wechselgeld heraus. Der Schwule ging kichernd. Er hatte das Beste aus dem Mädchen herausgeholt, dem dummen Geschöpf, das keinen Witz vertragen konnte – aber es hatte ihm Spaß gemacht.

Er bewegte sich auf dem Weg des geringsten Widerstands auf das Phantom des Vergnügens zu, machte sich auf den Weg zum Hoteleingang und dem Sonnenlicht, das durch die Tür schien, kaufte draußen am Kiosk eine Zigarre und stieg dann in ein Taxi.

„Wohin, Herr?" fragte der Fahrer.

„Erster Takt", antwortete Simon. „Erstes anständiges Exemplar, und sieht gut aus."

Der mürrische Fahrer – Himmel, wie hätte der alte Kutscher aus den Sechzigern solch ein Fahrpreis begrüßt, und mit welcher Freude! – schloss wortlos die Tür und begann, den Motor anzulassen. Er hatte Schwierigkeiten, und während er weiter aufzog, steckte der Insasse seinen Kopf aus dem Fenster und wandte sich an den Wachmann, der zusah.

„Hat der Kerl eine Lizenz für eine Drehorgel?" fragte Simon. „Wenn nicht, bitten Sie ihn, weiterzufahren."

Er schloss das Fenster. Sie begannen und blieben an einer Bar am Leicester Square stehen. Simon bezahlte und trat ein.

Es war eine lange Bar, ein glitzernder, abscheulicher, schädlicher Ort, an dem hinter einer langen Theke sechs Bardamen alle möglichen Männer mit allen möglichen Getränken bedienten.

Simon schien alles in Ordnung zu finden. Er paffte an seiner Zigarre und bestellte einen Schnaps – einen Schnaps! Und während er an seinem Brandy nippte, warf er einen Blick auf die Männer um ihn herum.

Sogar seine Unschuld und Neuheit erkannte – trotz des Verlangens nach Kameradschaft, das er jetzt hatte –, dass es Unerwünschtes gab, und was die Barmädchen betraf, waren sie für ihn eingefrorene Bilder.

Sie lachten und wechselten mit allen möglichen jungen Männern – Konterspringern und Pferden –, aber für ihn hatten sie nichts außer Brandy und einsilbigen Worten. Er fing an, sich über Frauen zu ärgern; Aber das Sonnenlicht draußen und zwei kalte Brandys drinnen stellten seine gute Laune wieder her , und der Gedanke an das Mittagessen drängte sich nun vor ihm auf und lockte ihn weiter.

Mit diesem Gedanken ging er nicht auf das Mittagessen zu, sondern auf das Schicksal.

Am Piccadilly Circus versammelte sich eine Menschenmenge um einen Omnibus. Hier gibt es im Allgemeinen Menschenmassen um Omnibusse, aber dies war eine besondere Menschenmenge, deren Kern ein wütender Busschaffner und ein hübsches Mädchen waren.

Oh, so ein hübsches Mädchen! Der Frühling selbst, dunkelhaarig, dunkeläugig, gut gekleidet, aber mit genau dieser Berührung, die von Mangel an Wohlstand zeugt. Sie faszinierte Simon wie eine Blume eine Biene.

„Aber, Sir, ich sage Ihnen, ich habe meine Handtasche verloren; irgendein Taschendieb hat sie mir genommen. Ich werde Ihnen gerne sagen, wo ich wohne, und Sie belohnen, wenn Sie wegen des Geldes kommen. Mein Name ist Cerise Rossignol." Dies mit nur einer Spur ausländischen Akzents.

„Das Spiel hat mich diese Woche schon zweimal erwischt", sagte der brutale Dirigent und sprach damit die Wahrheit. „Komm, suche in deinem Handschuh, du wirst ihn finden."

Simon brach ein.

"Wie viel?" sagte er.

„ Tuppence ", sagte der Schaffner. Dann hätten die Götter, die über die Jugend herrschen, vielleicht beobachtet, wie diese neue Andromeda, die auf Befehl von Tuppence freigelassen wurde, mit ihrem Retter davonwanderte und ihm ein Gesicht voller Dankbarkeit zuwandte.

Sie gingen in Richtung Leicester Square.

KAPITEL II
MOXON UND SCHLAMM

Nun war Moxon an diesem Morgen aus Framlingham in Kent, wo er Urlaub machte, hergekommen, um ein Geschäft zu erledigen. Unter anderem musste er Simon Pettigrew wegen einer Frage zu einigen Rechnungen sprechen.

Die Erscheinung, der er im Flur des Charing Cross Hotels begegnet war, verfolgte ihn zu Plunders Büro, wo er zuerst hinging, und als er Plunder's zum Mittagessen bei Prosser's in der Chancery Lane verließ, verfolgte sie ihn immer noch.

Obwohl er wusste, dass es nicht Pettigrew sein konnte, beharrte ein unruhiger Geist in seinem Unterbewusstsein darauf, dass es Pettigrew war.

Um zwei Uhr besuchte er das Old Serjeants' Inn. Er sah Brownlow, der gerade vom Mittagessen zurückgekehrt war.

Nein, Mr. Pettigrew war nicht da. Er war an diesem Morgen früh ausgegangen und nicht zurückgekehrt.

„Ich muss ihn sehen", sagte Moxon . „Wann glauben Sie, dass er da sein wird?"

Brownlow konnte es nicht sagen.

„Würde er in seinem Haus sein, meinst du?"

„Kaum", sagte Brownlow; „Er wäre vielleicht nach Hause gegangen, aber ich halte es für unwahrscheinlich."

„Ich muss ihn sehen", sagte Moxon noch einmal. „Es ist außergewöhnlich. Ich habe ihm geschrieben, dass ich heute Nachmittag komme und er weiß, wie wichtig mein Geschäft ist."

„Mr. Pettigrew hat seine Morgenbriefe noch nicht geöffnet", sagte Brownlow.

„Guter Gott!" sagte Moxon .

Dann, nach einer Pause:

„Wirst du ihn zu Hause anrufen, um nachzusehen?"

„Herr Pettigrew hat kein Telefon", sagte Brownlow; „Er mag sie nicht, außer im Geschäftsleben."

Moxon erinnerte sich an diese und andere altmodische Merkmale von Pettigrew; Die Erinnerung milderte seine Verärgerung nicht.

„Dann gehe ich selbst zu ihm nach Hause", sagte er.

Als er in der King Charles Street ankam, öffnete Mudd die Tür.

Mudd und Moxon kannten sich gegenseitig, da Moxon oft dort zu Abend gegessen hatte.

„Ist dein Meister da, Mudd?" fragte Moxon.

„Nein, Sir", antwortete Mudd; „Er ist nicht zu Hause und wird möglicherweise einige Zeit nicht zu Hause sein."

"Wie meinst du das?"

Mittagessen zu bringen ; der Kutscher kam gerade zurück und sagte, er sei nicht da, also ich Ich schicke ihn zurück ins Büro, um es ihnen zu sagen.

„Weggerufen! Für wie lange?"

„Nun, es könnte einen Monat dauern", erinnerte sich Mudd.

"Außergewöhnlich!" sagte Moxon. „Nun, ich kann nicht anders, und ich kann es kaum erwarten; ich muss mein Geschäft woanders hinbringen. Ich dachte, ich hätte Mr. Pettigrew im Charing Cross Hotel gesehen, aber er war anders gekleidet und schien seltsam. Nun, das ist es ein großes Ärgernis, aber es lässt sich vermutlich nicht ändern ... Einen Monat ..."

Er ging verärgert davon.

Mudd beobachtete ihn beim Gehen, dann schloss er die Flurtür. Dann setzte er sich auf einen der Flurstühle.

„Anders gekleidet und wirkte seltsam." Es wollte nur, dass diese Worte bei Mudd Alarm auslösten.

Die Affäre von vor einem Jahr hatte ihn immer verwirrt, und jetzt das!

„Schien seltsam."

Könnte es sein?... Hm... Er stand auf und ging nach unten.

„Warum, was ist los mit Ihnen, Mr. Mudd?" fragte die Köchin und Haushälterin. „Warum, ihr seid ganz durchgeknallt."

„Es ist mein Magen", sagte Mudd.

Er nahm ein Glas Ingwerwein und holte dann seinen Hut.

„Ich gehe raus, um Luft zu schnappen", sagte Mudd. „Vielleicht bin ich für einige Zeit nicht zurück; kümmere dich nicht um mich, wenn ich nicht zurückkomme, und schließe den Teller unbedingt ab."

„Gott segne meine Seele, was ist mit dem Mann los?" murmelte die erstaunte Haushälterin, als Mudd verschwand. „Gesegnet, wenn er nicht so seltsam wird wie sein Meister!"

Draußen auf der Straße blieb Mudd stehen und schnäuzte sich mit einem Kopftuch, genau wie Simons, die Nase. Dann, als ob dieser Akt seinen Mechanismus in Gang gesetzt hätte, machte er sich auf den Weg, hielt in der nächsten Straße einen Omnibus an und stieg an der Haltestelle Charing Cross aus.

Er betrat das Charing Cross Hotel.

„Ist ein Mr. Pettigrew hier?" fragte Mudd vom Portier.

Der Hagelportier grinste.

„Ja, hier wohnt ein Mr. Pettigrew, aber er ist draußen."

„Nun, ich bin sein Diener", sagte Mudd.

„Hier bei ihm bleiben?" fragte der Portier.

„Ja. Ich bin ihm gefolgt. Wie lautet die Nummer seines Zimmers?"

„Das Büro wird es wissen", antwortete der andere.

„Nun, gehen Sie einfach ins Büro und holen Sie sich seinen Schlüssel", sagte Mudd, „und schicken Sie einen Boten zu Nr. 12, King Charles Street – das ist unsere Adresse –, um Mrs. Jukes, der Haushälterin, zu sagen, dass ich das nicht tun werde." Ich kann vielleicht heute Abend zurückkommen. Hier ist ein Schilling für ihn – aber zeigen Sie mir zuerst sein Zimmer.

Mudd war überzeugt.

Der Portier ging ins Büro.

„Schlüssel zu Mr. Pettigrews Zimmer", sagte er; „Sein Diener ist gerade gekommen."

Die Vorgesetzte löste sich von der Buchhaltung, schlug die Nummer nach und gab den Schlüssel.

Mudd nahm es und fuhr mit dem Aufzug nach oben. Er öffnete die Zimmertür und ging hinein. Der Raum war nicht aufgeräumt, überall lagen Kleider.

Mudd blickte sich um wie eine Katze in einem fremden Haus. Dann schloss er die Tür.

Dann nahm er einen Mantel und schaute auf den Namen des Herstellers auf der Lasche.

„Holland und Woolson " – Simons Schneider!

Dann untersuchte er alle Kleidungsstücke. Solche Kleidungsstücke! Boots-Flanellanzüge, Serge-Anzüge! Dann die Schuhe, die Lackstiefel. Er öffnete die Kommode und fand das Bündel weggeworfener Kleidung – den alten Mantel, dessen linker Ellbogen „wegging", und den Rest. Er hielt sie hoch, untersuchte sie, faltete sie zusammen und legte sie zurück.

Dann setzte er sich, um sich zu erholen, putzte sich die Nase, fragte sich, ob er oder Simon verrückt waren, und dann stand er auf und begann, die neuen Sachen zusammenzulegen und in den Kleiderschrank und die Kommode zu legen.

Er bemerkte, dass einer der Koffer verschlossen war. Doch da war etwas darin, das auf und ab rutschte, als er es neigte und senkte.

Nachdem er sich noch einmal im Zimmer umgesehen hatte, ging er nach unten, gab den Schlüssel ab, bereitete sein Zimmer vor und machte sich auf den Weg.

Er machte sich auf den Weg zur Sackville Street. Meyer, der Vorarbeiter von Holland und Woolson , war ihm bekannt. Er hatte manchmal wegen Simons Kleidung angerufen und ihm Anweisungen für dieses oder jenes gegeben.

„Der blaue Serge-Anzug, den Sie Mr. Pettigrew gerade geschickt haben, passt nicht ganz richtig, Mr. Meyer", sagte der schlaue Mudd. „Ich habe den Mantel in einem Paket fertig machen lassen, um es Ihnen zurückzubringen, damit die Ärmel um einen halben Zoll gekürzt werden, aber ich habe es vergessen; mir ist nur eingefallen, dass ich es an Ihrer Tür vergessen hatte."

„Wir werden es holen", sagte Meyer.

„Richtig", sagte Mudd. Dann: „Nein – wenn ich es mir noch einmal überlege, werde ich es selbst holen, wenn ich einen Moment Zeit habe, denn wir fahren für ein paar Tage von zu Hause weg. Mr. Pettigrew hatte in letzter Zeit eine Menge Kleidung, Mr. Meyer ."

„Das hat er", sagte Meyer mit einem Augenzwinkern; „Anzüge und Anzüge, fast so, als ob er heiraten würde."

"Verheiratet!" rief der andere. „Wie ist Ihnen das in den Sinn gekommen, Herr Meyer? Er ist kein Mann, der heiratet. Ich habe ihn noch nie gesehen, als er einer Frau auch nur einen Blick zuwarf."

„Oh, das war nur mein Scherz", sagte Meyer.

Nun lag in Mudds Seele seit Jahren ein Unbehagen, ein zerknittertes Rosenblatt aus Gedanken, das ihn manchmal berührte, wenn er sich nachts im Bett umdrehte. Es war die Angst, dass Simon eines Tages Mudds Leben mit einer Geliebten ruinieren könnte. Er konnte eine Geliebte nicht ertragen. Das hatte er sich immer geschworen; Die Erfahrung von Butlerkollegen, deren Leben durch Mätressen abscheulich gemacht wurde, hätte ohne seine eigene tief verwurzelte Abneigung gegen Frauen ausgereicht, außer als spektakuläre Objekte. Mrs. Jukes war eine Verwandte von ihm, und er konnte sie ausstehen; Die Dienstmädchen waren Automaten, die seiner Aufmerksamkeit entzogen waren – aber eine Geliebte!

Wahnsinnige Angst erfüllte ihn, denn sein Herz sagte ihm, dass die Worte Meyers auf Wahrscheinlichkeit beruhten.

Die Affäre vom letzten Jahr, als Simon gegangen war und in neuen seltsamen Kleidern zurückgekehrt war, könnte das Werben gewesen sein, ist das die wahre Sache?

Er verließ die Schneiderei, rief ein Taxi und fuhr ins Büro.

Brownlow war dabei.

„Was ist los, Mudd?" fragte Brownlow, als dieser in sein Zimmer geführt wurde.

„Haben Sie meine Nachricht erhalten, Mr. Brownlow?" fragte Mudd.

"Ja."

„Oh, das ist alles in Ordnung", sagte Mudd. „Ich dachte nur, ich rufe an und frage. Der Meister sagte mir, ich solle die Nachricht senden; er geht für eine Weile weg. Er möchte auch eine Veränderung. Ich glaube, er hat in letzter Zeit überarbeitet, Mr. Brownlow."

„Er ist ständig überarbeitet", sagte Brownlow. „Ich glaube, er leidet unter Gehirnschwäche, Mudd; er ist sehr zurückhaltend, aber ich bin froh, dass er einen Arzt aufgesucht hat."

„Ich war beim Arzt! Warum, er hat es mir nie gesagt."

„Hat er das nicht? Nun ja, das hat er – Dr.

„Das werde ich", sagte Mudd. „Er will Ruhe. Ich habe mir schon lange Sorgen um ihn gemacht. Wie lautet die Nummer des Arztes in der Harley Street, Mr. Brownlow?"

„ 110A ", sagte Brownlow und wählte die Nummer aus seinem wunderbaren Gedächtnis; „Aber lassen Sie Mr. Pettigrew nicht wissen, dass ich es Ihnen gesagt habe. Er ist sehr empfindlich in Bezug auf sich selbst."

„Das werde ich nicht."

Er ging los.

„Getreuer alter Diener", dachte Brownlow.

Der treue alte Diener stieg in ein Taxi. „ 110A , Harley Street", sagte er zum Fahrer; „Und fahr schnell und ich gebe dir ein Extra- Tuppence ."

Oppenshaw war dabei.

Als ihm mitgeteilt wurde, dass Pettigrews Diener ihn besucht hatte, übergab er eine Herzogin, mit der er verlobt war, gab ihr ein harmloses Rezept, verabschiedete sie und klingelte.

Mudd wurde hereingeführt.

„Ich bin gekommen, um zu fragen –", sagte Mudd.

„Setzen Sie sich", sagte Oppenshaw .

„Ich bin gekommen, um zu sprechen –"

„Ich weiß; über deinen Meister. Wie geht es ihm?"

„Nun, ich bin gekommen, um Sie zu fragen, Sir; er ist derzeit im Charing Cross Hotel."

„Ist er dorthin gegangen, um dort zu leben?"

„Nun, er ist da."

„Ich habe ihn vor einiger Zeit wegen seines Gesundheitszustandes gesehen, und ehrlich gesagt, Mr. Mudd, ist es ernst."

Mudd nickte.

„Erzähl es mir ", sagte er Oppenshaw : „Hat er neue Kleidung gekauft?"

„Haufen, kein Ende", sagte Mudd. „Und solche Kleidung – Dinge, die er noch nie getragen hat."

„Also? Nun, es ist ein Glück, dass Sie ihn gefunden haben. Wie ist sein Gespräch? Haben Sie viel mit ihm geredet?"

„Ich habe ihn noch nicht gesehen", erklärte Mudd.

„Nun, bleiben Sie in seiner Nähe und seien Sie sehr vorsichtig. Er leidet unter einer Art Geistesverstimmung. Sie müssen ihn so wenig wie möglich stören,

Überredung anwenden, sanfte Überredung. Die Sache wird ihren Lauf nehmen. Das darf nicht sein." plötzlich überprüft."

„Ist er verrückt?" fragte der andere.

„Nein, aber er ist nicht er selbst – oder besser gesagt, er ist er selbst – auf eine andere Weise; aber eine plötzliche Hemmung könnte ihn verrückt machen. Sie haben von Menschen gehört, die im Schlaf wandeln – nun, das ist so etwas Ähnliches. Sie Ich weiß, dass es höchst gefährlich ist, einen Schlafwandler plötzlich zu wecken. Nun, bei Mr. Pettigrew ist es genau das Gleiche; es könnte seinen Geist für immer aus dem Gleichgewicht bringen.

"Was soll ich tun?"

„Behalte ihn einfach im Auge."

„Aber angenommen, er kennt mich nicht?"

„Er wird dich nicht kennen, aber wenn du freundlich zu ihm bist , wird er dich in seine Umgebung aufnehmen, und dann wirst du eine Verbindung zu seinem Geisteszustand herstellen."

„Er ist jetzt draußen, und Gott weiß, wo oder was er tut", sagte Mudd; „Aber ich werde darauf achten, dass er hereinkommt – falls er jemals kommt."

„Oh, er wird gleich nach Hause kommen."

„Gibt es Angst, dass diese Frauen ihn erwischen könnten?" fragte Mudd und kehrte zu seiner alten Angst zurück.

„Das ist genau das, was es gibt – jede Angst; aber Sie müssen sehr vorsichtig sein, Ihren Willen nicht gewaltsam dazwischenzudrängen. Gehen Sie vorsichtig dazwischen, sanft dazwischen. Sie verstehen mich. Suggestion hilft in diesen Fällen sehr. Eine andere Sache, als die Sie ihn behandeln müssen man behandelt einen Jungen. Sie müssen sich vorstellen, dass Ihr Herr erst zwanzig ist, denn das ist er in Wahrheit. Er ist in einen jüngeren Zustand zurückgekehrt – oder besser gesagt, ein jüngerer Zustand ist ihm entgegengekommen und hat ruht, so wie ein Weisheitszahn ruht und dann wächst."

"Oh Gott!" sagte Mudd. „Ich hätte nie gedacht, dass ich diesen Tag noch erleben würde."

„Oh, es könnte schlimmer sein."

„Ich verstehe nicht."

„Nun, soweit ich seine Jugend beurteilen kann, war er nicht bösartig, sondern nur dumm. Wäre er in jungen Jahren bösartig gewesen, könnte er jetzt schrecklich sein."

„Der erste Anwalt in London", sagte Mudd mit trüber Stimme.

„Nun, er ist nicht der erste Anwalt in London, der sich lächerlich macht, und er wird auch nicht der letzte sein. Seien Sie ruhig, halten Sie die Augen offen und tun Sie Ihre Pflicht; kein Mann kann mehr als das tun."

„Soll ich Sie holen lassen, Doktor, wenn es ihm schlechter geht?"

„Nun", sagte Oppenshaw ; „Nach allem, was Sie mir sagen, könnte es ihm nicht viel schlechter gehen. Oh nein, machen Sie sich nicht die Mühe, ihn zu schicken – es sei denn natürlich, die Sache nimmt einen anderen Verlauf und er würde ohne Grund gewalttätig werden; aber das wird nicht der Fall sein passieren, Sie können sich auf mein Wort verlassen."

Mudd ging.

Er ging den ganzen Weg zurück zum Charing Cross Hotel, aber anstatt hineinzugehen, nahm er plötzlich ein Taxi und kehrte zur Charles Street zurück. Hier packte er ein paar Sachen in eine Handtasche, und nachdem er Mrs. Jukes erneut Anweisungen gegeben hatte, den Teller einzuschließen, sagte er ihr, dass er vielleicht einige Zeit weg sein würde.

„Ich begleite den Master bei einigen juristischen Angelegenheiten", sagte Mudd. „Stellen Sie sicher, dass Sie die Vordertür verriegeln – und das Schild verschließen."

Es war das dritte oder vierte Mal, dass er ihr diese Anweisungen gab.

„Er ist verrückt", sagte Mrs. Jukes, als sie ihm nachsah. Sie hatte nicht viel Unrecht.

Mudd war an eine Furche gewöhnt – eine Furche von vierzig Jahren Tiefe. Seine leichten und angenehmen Aufgaben trugen ihn problemlos durch den Tag. An den Abenden, an denen Simon auswärts aß, gesellte er sich zu einem geselligen Kreis im privaten Raum einer sehr angesehenen Taverne in der Nähe, rauchte seine Pfeife, trank zwei heiße Gins und machte sich um halb elf auf den Heimweg. Wenn Simon zu Hause war, konnte er in seinem eigenen Zimmer seine Pfeife rauchen und seine Zeitung lesen. Er hatte fünfhundert Pfund auf der Bank – keine Wertpapiere für Mudd – und variierte seine Abendvergnügungen, indem er den Tribut seines Geldes zählte.

Es ist leicht zu erkennen, dass dieser Ruck aus dem Trott im wahrsten Sinne des Wortes ein Ruck war.

Im Charing Cross Hotel fand er das ihm zugewiesene Zimmer, deponierte seine Sachen und ging, die Dienstbotenquartiere verachtend, in eine Taverne, um die Zeitung zu lesen.

Er rechnete damit, dass Simon vielleicht erst spät zurückkommen würde, und er hatte Recht.

KAPITEL III
SIMONS ALTMODISCHE NACHT IN DER STADT

Madame Rossignol war eine bezaubernde alte Dame von sechzig Jahren, eine Schöpfung Frankreichs – kein anderes Land hätte sie hervorbringen können. Sie lebte in der Duke Street am Leicester Square und verdiente ihren Lebensunterhalt und ihre Tochter Cerise mit der Übersetzung englischer Bücher ins Französische. Cerise war Hutmacherin. Madame vereinte absolute Unschuld mit absolutem Instinkt. Sie wusste alles über Dinge; Ihre Unschuld war nicht Unwissenheit, sondern Reinheit – sie erhob sich über das Wissen um die Welt und verachtete es, das Böse anzuschauen.

Sie war furchtbar arm.

Ihre Liebe zu Cerise war wie eine Krankheit, die sie ständig befiel. Was würde mit Cerise geschehen, wenn sie sterben würde?

Schauen Sie, wie sie alle in den Armen des anderen liegen. Es spielt in dem schäbigen Wohnzimmer und könnte eine Szene im Port St. Martin gewesen sein.

„Oh, Mutter", murmelte das Mädchen, „ist er nicht gut?"

„Er ist mehr als gut", sagte Madame. „Mit Sicherheit hat ihn der *Bon Dieu* als deinen Schutzengel geschickt."

„Ist er nicht charmant?" fuhr Cerise fort, löste sich aus der mütterlichen Umarmung und brachte ihr Haar mit einem kleinen Lachen wieder in Ordnung. „So anders als die bleigesichtigen Engländer, so fröhlich und doch so – so –"

„Da ist etwas – ich weiß nicht was – an ihm", sagte die alte Dame; „Etwas Romantisches. Ist es nicht wie eine kleine Geschichte von Madame Perichon oder ein kleines Theaterstück von Monsieur Baree ? Könnte er nicht einfach hereingekommen sein wie in einem von denen? Du gehst raus, verlierst deine Handtasche, bist verloren. Ich sitze und warte für Sie, weil Sie in dieser Wildnis Londons nicht zurückgekehrt sind; Sie kehren zurück, aber nicht allein. Mit Ihnen kommt der Marquis de Grandcourt , der sich verbeugt und sagt: „Madame, ich gebe Ihnen Ihre Tochter zurück; ich bitte im Gegenzug um Ihre Freundschaft. I „Ich bin allein wie du; lass uns dann Freunde sein." Ich antworte: „Monsieur, Sie sehen unsere Armut, aber Sie können unsere Herzen oder die Dankbarkeit in meinem Kopf nicht sehen." Was für eine kleine Geschichte!"

„Und wie er lachte und sagte: ‚Hang monee !'", warf Cerise ein. „Was bedeutet das ‚Hängegeld ! ' Maman ? Und wie er wie ein Junge alle Goldstücke herauszog und sagte: „Ich bin reich!" – so wie ein kleiner Junge sagen würde: „Ich bin reich! Ich bin reich!" Kein Bourgeois hätte das tun können, ohne zu beleidigen, ohne einem einen Schauer auf die Haut zu jagen."

„Sie haben es gesagt", antwortete Madame. „Ein kleiner Junge – ein großer und guter Mann und doch ein kleiner Junge. Er ist nicht in seiner ersten Jugend, aber es gibt Menschen wie Pierre Pan, die nie ihre Jugend verlieren. So ist es; ich habe es gesehen."

„Simon Pattigrew ", murmelte Cerise mit einem kleinen Lachen.

Es klopfte an der Tür, und ein kleines Dienstmädchen trat mit einem riesigen Blumenstrauß ein, einem dieser Blumensträuße, die die Jugend den *Primadonnen* zuwirft .

Simon hatte, nachdem er die Rossignols verlassen hatte , einen Blumenladen überfallen – das war das Ergebnis. Dem Blumenstrauß lag ein Stück Papier bei, und auf dem Papier standen in einer Handschrift, die bisher nur auf Geschäftsbriefen und Rechtsdokumenten zu finden war, die Worte: „Von Ihrem Freund."

Nachdem Simon den Blumenladen überfallen hatte, hätte er auch einen Obstladen und einen Haubenladen überfallen können, nur dass die Freude der Liebe, die Liebe, die auf den ersten Blick kommt, die Liebe der Träume, ihn zu keinem weiteren Geschäft – nicht einmal zu dem Geschäft – unfähig machte Geschenke für seinen Fascinator zu kaufen.

Es war jetzt fünf Uhr, und als er seinen Weg nach Westen fortsetzte, fand er Piccadilly. Er ging an Mädchen vorbei, ohne sie anzusehen – er sah nur die Vision von Cerise. Sie führte ihn bis zum St. George's Hospital, als wollte sie ihn von den Versuchungen des Westens wegführen, aber die düstere Aussicht auf Knightsbridge hielt ihn davon ab, und als er sich umdrehte, kam er zurück. Große Häuser, Zeichen von Reichtum und Wohlstand, schienen ihn in ihren Bann zu ziehen, so wie er von allen hübschen, bunten oder schillernden Dingen fasziniert war.

Ein glitzerndes Restaurant lockte ihn bald an, und hier nahm er ein gemütliches Abendessen ein; zwar ganz allein, aber mit viel zum Anschauen.

Er hatte auch eine halbe Flasche Champagner und einen Maraschino.

Er hatte an diesem Tag bereits einen farbigen Cocktail , zwei Gläser Brandy und Wasser kalt und eine halbe Flasche Champagner getrunken. Sein gewöhnlicher Alkoholkonsum war mäßig. Ein Glas Green-Seal-Sherry um zwölf Uhr und eine halbe Flasche St. Estéphe zum Mittagessen und, sagen wir mal, ein kleiner Whisky-Soda zum Abendessen, oder, wenn Sie auswärts oder mit Gästen essen, ein paar davon Gläser von Pommery.

Und heute hatte er Restaurant-Champagner „*tres sec*" getrunken – und davon zwei halbe Flaschen! Der Überschuss begann sich zu bemerkbar zu machen. Das zeigte sich an der leichten Röte auf seinen Wangen, die ihn seltsamerweise nicht jünger aussehen ließ; Das merkte man an dem Trinkgeld, das er dem Kellner gab, und an der Art, wie er seinen Hut aufsetzte. Er hatte sich auf seinen Streifzügen einen Spazierstock gekauft, einen Spazierstock mit Quaste – die Mode war gerade erst in Mode gekommen – und mit diesem unter dem Arm verließ er das Café auf der Suche nach neuen Freuden.

Das West End stand inzwischen in Flammen und die Theater füllten sich. Simon blieb wie Poes Mann der Menge bei der Menge; Ein Lichterglanz lockte ihn an wie eine Lampe eine Motte.

Das Pallaceum zog ihn in seinen Bann. Hier, in einem blauen Dunst aus Tabakrauch und zu den Klängen einer Band, saß er eine Weile da und schaute sich die Show an, brüllte vor Lachen über die komischen Wendungen, war zufrieden mit der Zauberei und fasziniert – trotz allem Cerise – mit dem Mädchen in Strumpfhosen, das mit Hilfe von zwei Pudeln und einem Affen akrobatische Kunststücke vorführte.

Dann fand er die Bar, und dort stand er da und heizte das Vergnügen an, den Stock unter dem Arm, den Hut nach hinten geneigt, eine neue Zigarre im Mund und ein Lächeln auf dem Gesicht – ein Lächeln mit einem Anflug von Standhaftigkeit. Ach! ob Cerise den Marquis de Grandcourt hätte sehen können Jetzt! – oder war es Madame, die ihn in den Adelsstand Frankreichs erhob? Wenn sie da gewesen wäre und nur die Augenbrauen hochgezogen hätte! Dennoch war sie in gewisser Weise da, denn die Damen im *Foyer*, die ihn nicht unfreundlich ansahen, vielleicht angetan von seiner *Gutmütigkeit*, seinem lächelnden Auftreten und der Atmosphäre des Reichtums und der Freude, fanden keine Reaktion. Dennoch fand er gewissermaßen vorübergehende Bekanntschaften. Ein paar Universitätsmänner, die wegen eines Spaßes in der Stadt waren, schienen ihn als Teil des Spaßes zu finden; Sie tranken alle zusammen, tauschten Meinungen aus, und dann verschwanden die Universitätsmänner und machten Platz für einen Herrn mit einem sehr polierten Hut, mit Diamantnieten und einem Gesicht wie ein Falke, der „Fizz" vorschlug, von dem eine kleine Flasche getrunken wurde Meistens durch den Falken, der dann verschwand und es Simon überließ, zu bezahlen.

Simon bestellte ein neues, bezahlte, vergaß es und fand sich in der Eingangshalle wieder, die mit lauter Stimme nach einem Hansom rief.

Für ihn wurde ein Taxi besorgt und die Tür geöffnet. Er ging hinein und sagte: „Warten Sie einen Moment – einen Moment."

Dann begann er, dem Kommissionär, der ihm die Taxitür geöffnet hatte, halbe Kronen zu zahlen. „Das ist für dich", sagte Simon. „Das ist zu deinem Problem. Das ist zu deinem Problem. Wo bin ich? Oh ja – mach die verdammte Tür zu, ja, und sag dem Kerl, er soll weiterfahren!"

„Wohin, Herr?"

Oppenshaw wäre an der Tatsache interessiert gewesen, dass Champagner ab einer bestimmten Menge Simons ferne Vergangenheit erwecken konnte. Er antwortete:

„Evans'."

Beratung draußen.

„Evans's? Welches Evans's? Es gibt kein solches Hotel, es gibt keine solche Bar. Fragen Sie ihn, welches Evans's?"

„Welche Evanses haben Sie gesagt, Sir?" fragte der Kommissar und steckte den Kopf hinein. „Der Fahrer weiß nicht, was Sie meinen. Wo liegt es?"

Er bekam einen Schlag unters Kinn, der seinen Kopf fast auf das Dach des Taxis katapultierte.

Dann sprang Simons Kopf aus dem Fenster. Es blickte die Straße hinauf und hinunter.

„Wo ist dieser Kerl, der seinen Kopf durch das Fenster steckte?" fragte Simon.

Eine kleine Menschenmenge und ein Polizist kamen vorbei. „Was ist, Herr?" fragte der Polizist.

Simon schien die Entfernung im Hinblick auf die Haube des Fragestellers abzuschätzen. Dann schien ihm die Entfernung zu weit zu sein.

„Sag ihm, er soll mich zu den Argyle Rooms fahren", sagte er. Dann verschwand er.

Draußen ein weiterer Rat unter dem Vorsitz des Kommissars.

Hotel in Leicester. Gott segne mich! Das Argyle Rooms ist seit vierzig Jahren geschlossen. Führen Sie ihn herum und lassen Sie ihn ein Nickerchen machen."

Der Taxifahrer begann mit der vollen Absicht eines Raubüberfalls – nicht mit Gewalt, sondern mit Strategie. Raubüberfall auf dem Dock. Es war noch nicht Zeit, ins Theater zu gehen, und er würde die Chance haben, ein paar unehrliche Schilling zu verdienen. Er bog um jede Ecke, die er konnte, denn jedes Mal, wenn ein Taxi um eine Ecke bog, erhöhte sich die Geschwindigkeit der „Uhr". Er fuhr hin und her, erreichte aber nie das Hotel in Leicester , denn in der Full Moon Street, der Heimat der Bischöfe und Grafen, ließ ihn der Lärm im Fahrzeug anhalten. Er öffnete die Tür und Simon platzte heraus, strahlend vor Humor und jetzt viel sicherer auf den Beinen.

"Wie viel?" sagte Simon, und dann, ohne auf eine Antwort zu warten, drückte er dem Taxifahrer eine halbe Handvoll Kupfer- und Silbermünzen in die Faust , gab ihm einen Schlag auf die Schiebermütze, sodass er Sterne sah, und ging davon.

Der Mann verfolgte ihn nicht, er zählte seine Einnahmen: elf und fünf Pence, nicht weniger.

„Verrückt", sagte er; Dann startete er den Motor und fuhr los, ohne sich der Tatsache bewusst zu sein, dass er etwas erlebt und gefahren hatte, das es wert war, im British Museum aufbewahrt zu werden – ein echter Nachtschwärmer der sechziger Jahre.

Der Vollmond schien auf der Full Moon Street, einer alten Straße, die vor ihren Häusern noch die Fassungen für die Fackeln der Linkmen bewahrt. Es erfordert nicht viel Vorstellungskraft, in einer Nacht wie dieser geisterhafte Sänften in der Full Moon Street zu sehen oder den Wächter auf seinen Runden zu sehen, und heute Nacht muss sich die alte Straße – wenn alte Straßen Erinnerungen haben – sicherlich in ihren Träumen bewegt haben. denn als Simon weiterging, begann die Nacht plötzlich von Pfiffen erfüllt zu werden.

Eine Dame, die einen Pom lüftete, trug ihren Schatz ins Haus, als Simon vorbeikam, und schloss die Tür mit einem Knall; Es gab so einen Knall, dass der Klopfer zusammenfuhr und Simon einen Wink machte.

Zehn Meter weiter stieg er die Stufen hinauf, blieb vor einer Flurtür stehen, die bei Tageslicht grün gewesen wäre, und klopfte.

Nur ein paar Umdrehungen seines Handgelenks und der Klopfer gehörte ihm, ein prächtiger Messingklopfer, der ein halbes Pfund wog. Kein anderer junger Mann in London hätte an diesem Abend das Geschäft so erledigen oder eine solche Geschicklichkeit in einer verlorenen Kunst wie der Kunst des Pinchbeck-Herstellens beweisen können.

Er sammelte in dieser Straße zwei weitere Klopfer und behielt nur einen als Trophäe. Er warf die anderen in einen Bereich, drückte heftig an der Haustür und rannte los.

Am Berkeley Square war er gerade dabei, sich mit einem weiteren Klopfer auseinanderzusetzen, als sich die Tür öffnete und eine ältere Haushälterin und ein Dackel vor ihm standen.

"Was willst du?" fragte die Haushälterin.

„Lebt der Herzog von Cumberland hier?" hatte einen Schluckauf, Simon.

„Nein, Sir, das tut er nicht."

„Tut mir leid – tut mir leid – tut mir leid", sagte Simon. „Mein Fehler – ganz und gar mein Fehler. Es tut mir sehr leid, Sie belästigen zu müssen. Was für ein hübscher kleiner Hund! Wie heißt er?"

Er war jetzt völlig umgänglich und wollte, ohne auf Klopfer zu achten, eine Freundschaft schließen, ein Wunsch, den die Dame offensichtlich nicht teilte.

„Ich denke, Sie sollten besser gehen", sagte sie, erkannte einen Herrn und betrauerte die Tatsache.

Er dachte einen Moment lang intensiv über diesen Vorschlag nach.

„Das ist alles schön und gut", sagte er, „aber wohin soll ich gehen? Das ist die Frage."

„Du solltest besser nach Hause gehen."

Das schien ihn ein wenig zu irritieren.

„*Ich* gehe nicht nach Hause – um *diese* Zeit – unwahrscheinlich." Er begann, die Stufen hinunterzusteigen, als wollte er der Ermahnung entkommen. „Ich nicht. Du kannst selbst nach Hause gehen."

Er ging los.

Er ging dreimal um den Berkeley Square. Er traf einen Polizisten, erkundigte sich, wo und wann diese Straße endete, fand Mitleid als Gegenleistung für halbe Kronen und wurde in eine geradere Straße hineingezwängt.

Auf halbem Weg die geradere Straße hinunter fiel ihm ein, dass er dem sympathischen Polizisten seinen Türklopfer nicht gezeigt hatte, aber der Polizist war glücklicherweise außer Sichtweite gegangen.

Dann stand er eine Weile da und erinnerte sich an Cerise. Ihre Vision war plötzlich vor ihm aufgetaucht; es versetzte ihn in tiefe Melancholie – tiefe Melancholie. Er machte weiter, bis ihn die Lichter und der Lärm von Piccadilly wieder erholten. Dann betrat er ein Stück weiter eine brennende Tür, durch die die Musik einer Band ertönte.

TEIL III

KAPITEL I
DER LETZTE SOVEREIGN

Am Morgen des 4. Juni, dem gleichen Morgen, an dem Simon sich wie ein Schmetterling aus seiner Puppe aus althergebrachten Gewohnheiten und strikter Routine gelöst hatte, erwachte Mr. Bobby Ravenshaw, Neffe und nur naher Verwandter von Simon Pettigrew, in seinen Gemächern In Pactolus Mansions gähnte Piccadilly, klingelte nach seinem Tee, nahm das Buch, das er beim Einschlafen neben sich gelegt hatte, und begann zu lesen.

Das Buch war *Monte Cristo* . Nun, Pactolus Mansions, Piccadilly, klingt nach einer sehr großartigen Adresse, und in der Tat ist es eine großartige Adresse, aber die Adresse ist großartiger als der Ort. Zum einen ist es nicht in Piccadilly, die Anfahrt erfolgt über eine zweifelhafte Seitenstraße; Das Wort „Pactolus" hat wenig damit zu tun, ebenso wenig das Wort „Herrenhäuser", und die Mieten sind moderat. Im Erdgeschoss gibt es ein Restaurant und eine Lounge mit gemütlichen Ecken.

Menschen nehmen Kammern in Pactolus Mansions und verschwinden. Die Tatsache wird der Society for Psychical Research nie gemeldet, da für die Levitation immer stichhaltige Gründe vorliegen. Um zu verhindern, dass sie verschwinden, bevor ihre Miete bezahlt ist , müssen sie ihre Miete im Voraus bezahlen. Eine Gutschrift erfolgt unter keinen Umständen. Das scheint schwierig zu sein, aber es gibt die kompensierenden Vorteile, dass die Miete niedrig ist, der Service gut ist und die Adresse angenommen wird.

Bobby Ravenshaw hatte sich dafür entschieden, in Pactolus Mansions zu leben, weil es die günstigste Unterkunft war, die er in der Nähe des schwulsten Ortes der Stadt finden konnte.

Bobby war eine Waise, ein Oxford-Mann ohne Abschluss und mit einer Vorliebe für Literatur und feine Kleidung. Absolut unverantwortlich. Fünfhundert im Jahr, die er von Simon erhielt, dessen einzige Schwester er war, und ein Gespür für Bridge, das weitere zweihundertfünfzig wert war, unterstützten Bobby auf eine lahme Art und Weise, unterstützt von Freunden, vertrauensvollen Schneidern und Schuhmachern usw ein genialer Geldverleiher, der auch Zigarrenhändler war.

Bobby hatte sein Leben vor ein oder zwei Jahren mit außergewöhnlicher Klugheit und der Unterstützung von Geld begonnen, aber das Schicksal hatte ihm zwei schlechte Karten ausgeteilt: ein charmantes und verantwortungsloses Wesen und ein gutes Aussehen. Mädchen verehrten Bobby, und wenn seine Talente ihn nur auf die Bühne gebracht hätten, hätte ihre Anbetung vielleicht geholfen. So wie es war, war es ein Hindernis, denn Bobby war ein literarischer Mann, und kein Mädchen hat jemals ein Buch aufgrund des guten Aussehens des Autors gekauft.

Als sein Tee angekommen war, trank Bobby ihn, beendete das Kapitel in *Monte Cristo* , stand dann auf und zog sich an.

Er verließ Pactolus Mansions an diesem Tag aus gutem Grund, denn wenn er länger als zwölf Uhr bleiben wollte, musste er eine Monatsmiete im Voraus bezahlen, und er hatte nur dreißig Schilling.

Onkel Simon hatte eine „Zwangsvollstreckung" vorgenommen. Das war Bobbys Gesichtsausdruck vor einem Monat. Einen Monat lang hatte Bobby zugesehen, wie der Sand herunterlief; Es kommt kein Geld mehr rein und ständig geht das Geld aus. Völlig unbeunruhigt und die Tatsache nur so bemerkend, wie er vielleicht einen Wetterumschwung bemerkt hätte, hatte er keine Vorkehrungen getroffen und sich auf den Zufall verlassen, um den Verrat an ihm und seinen Freunden zu überbrücken. Literatur konnte nicht helfen. Was das Geldverdienen anging, war er in die falsche Richtung geraten. Kleine Artikel für literarische Zeitungen mit begrenzter Auflage und einem wirklich kultivierten Geschmack sind nicht das unmittelbare Mittel zur finanziellen Unterstützung in einer Welt, die ihre fiktionale Literatur wie Schinkenbrote verschlingt, die man sofort vergisst, sobald man sie gegessen hat – und nur fiktionale Literatur zahlt sich aus.

dachte er mehr an *Monte Christo* als an seine eigene Stellung. Die Tatsache, dass er nach anderen Räumen Ausschau halten musste, beunruhigte ihn als unangenehme Aufgabe, aber nicht sonderlich. Wenn er an diesem Tag keine anderen Zimmer bekommen konnte, konnte er jederzeit bei Tozer übernachten. Tozer war ein Mann aus Oxford mit Kammern im Albany – Kammern, die jederzeit für Bobby geöffnet waren. Ein sicherer Begleiter in Schwierigkeiten.

Dann, nachdem er sich angezogen hatte, nahm er Hut und Stock sowie den auf dem Kaminsims liegenden Souverän und Halbsouverän, gab dem Diener ein Trinkgeld für den Halbsouverän und befahl, seine Sachen zu packen und sein Gepäck ins Büro zu bringen, damit es bis dahin dort bleiben könne er rief danach.

„Ich gehe aufs Land", sagte Bobby, „und ich schicke meine Adresse für die Weiterleitung von Briefen."

Dann fing er an.

Er rief zuerst im Albany an.

Tozer, der Sohn eines großen, nicht mehr existierenden Baumwollhändlers aus Manchester, war ein Mann von etwa dreiundzwanzig Jahren, rothaarig, mit einer Vorliebe für die schönen Dinge des Lebens, einer Vorliebe für Boxen, einer Vorliebe für Musik und einem harten Körper Sein gesunder Menschenverstand ließ ihn selbst in seinen fröhlichsten und frivolsten Launen nie im Stich. Seine Gemächer waren neu eingerichtet, die Wände des Wohnzimmers waren mit alten Drucken geschmückt, größtenteils Probeabzüge vor dem Brief; Boxhandschuhe und Einzelschläger deuteten auf sich hin, und in der Ecke stand ein Violoncello.

Er war gerade beim Frühstück, als Bobby ankam. Tozer klingelte für eine weitere Tasse und einen weiteren Teller.

„Tozer", sagte Bobby, „ich bin pleite."

„Es überrascht mich nicht, das zu hören", antwortete Tozer. „Probieren Sie diese Bücklinge."

„Ein einziger Souverän auf der Welt, mein Junge, und ich bin auf der Suche nach neuen Räumen."

„Was ist mit deinen alten Zimmern los? Haben sie dich rausgeschmissen?"

Bobby erklärte es.

„Guter Gott!" sagte Tozer. „Sie haben Ihnen den Boden unter den Füßen weggezogen, indem Sie an einem solchen Ort geblieben sind."

„Es ist nicht alles meine Schuld, es ist mein Verwandter. Ich habe ihm immer geprahlt, dass ich meine Miete im Voraus bezahlt habe; er hat es als Zeichen der Weisheit gewertet."

„Was hat ihn dazu gebracht, es dir heimzuzahlen?"

"Ein Mädchen."

"Welche Richtung?"

„Nun, es war so. Ich habe bei den Huntingdons gewohnt, wissen Sie, bei Warwickshire."

„Ich weiß – Bridge- und Brandy-Menge."

„Oh, es geht ihnen gut. Nun ja, ich wohnte bei ihnen, als ich sie traf."

"Wie heißt sie?"

„Alice Carruthers."

„Hebe vorwärts."

„Ich habe mich mit ihr verlobt; sie hatte keinen Cent."

"Genau wie du."

„Und ihre Leute haben keinen Cent, und ich habe wie ein Idiot geschrieben, um es der Verwandten zu erzählen. Er hat mir die Wahl gegeben, sie abzuschneiden oder abgeschnitten zu werden. Es scheint, dass ihre Leute das eigentliche Hindernis waren. Er hat ziemlich verleumderische Dinge über sie geschrieben." . Ich habe abgelehnt."

"Natürlich."

„Und er hat mich unterbrochen. Nun, das Lustige war, dass sie mir eine Woche später den Kontakt unterbrochen hat, und jetzt ist sie mit einem Kerl namens Harkness verlobt."

„Nun, warum sagst du es nicht dem Verwandten und erfindest es?"

„ Sagen Sie ihm, dass sie mich gefeuert hat! Außerdem hat es keinen Zweck, er würde sich einfach anderen Dingen widmen – dem, was er Extravaganzen und Verantwortungslosigkeit nennt ."

"Ich verstehe."

"Ist einfach so."

„Schau mal, Bobby", sagte Tozer, „du musst einfach mit dem ganzen Unsinn Schluss machen und dich an die Arbeit machen. Du hast dich lächerlich gemacht."

„Das habe ich", sagte Bobby und nahm sich Marmelade.

„Es hat keinen Sinn, zu sagen ‚Das habe ich' und es dann zu vergessen. Ich kenne dich. Du bist ein guter Typ, Bobby, aber du bist in der falschen Gruppe; du konntest nicht mithalten. Du bist sehr clever und du wirst verrotten. Arbeit!"

"Wie?"

„Schreiben Sie", sagte Tozer, der an Bobby glaubte und es hasste, ihn verkommen zu sehen. „Schreiben Sie. Ich habe Sie immer dazu gedrängt, sich niederzulassen und zu schreiben."

„Ich habe letztes Jahr fünf Pfund zehn mit dem Schreiben verdient", sagte Bobby.

„Ich weiß – Artikel über alte französische Poesie und so weiter. Man muss Belletristik schreiben. Das schaffst du. Die kleine Geschichte, die du für Tillson's geschrieben hast, war mitreißend."

„Das Schlimme daran ist", sagte Bobby, „ich kann keine Handlungsstränge finden. Ich kann gut schreiben, wenn ich nur etwas habe, worüber ich schreiben kann, aber ich kann keine Handlungsstränge finden."

„Das ist Quatsch und reine Faulheit. Mit Ihrer Erfahrung in London und dem Leben in London können Sie keine Pläne finden! zahlt sich aus. Jetzt schau her, BR, ich finanziere dich——"

„Vielen Dank", sagte Bobby und nahm sich eine Zigarette aus einer Schachtel, die auf einem kleinen Tisch in der Nähe stand.

„Reservieren Sie sich Ihren Dank. Ich werde keinen Faulpelz finanzieren, der Sie derzeit sind, sondern einen hart arbeitenden Literaten, der Sie sein werden, wenn ich mit Ihnen fertig bin. Ich werde Ihnen hier ein strenges Zimmer geben Bedingungen, dass Sie fünf Tage in der Woche die frühen Morgenstunden einhalten.

"Ja."

„Dass du Bridge aufgibst"

"Ja."

„Und den Mädchen hinterherzulaufen."

"Ja."

„Und heute habe ich mich daran gemacht, einen Plot für eine gute, ehrliche, bezahlbare Fiktion in Romanlänge zu finden. Ich werde Sie nicht mit dem Schreiben von Kurzgeschichten im Stich lassen."

"Ja."

„Ich kenne einen guten Verleger, und ich versichere Ihnen, dass die Sache in bester Form veröffentlicht wird, dass ich Werbung und Druck unterstützen werde – sehen Sie? zweihundert Pfund. Du bekommst alle Gewinne, wenn es ein Erfolg wird, verstehst du mich?"

"Ja."

„Während Sie schreiben, sollen Sie fünf Pfund pro Woche Taschengeld haben, das aus den Gewinnen zurückgezahlt wird, wenn die Gewinne zweihundert übersteigen, und nicht zurückgezahlt wird, wenn dies nicht der Fall ist."

„Ich mag es nicht, Geld für nichts zu nehmen", sagte Bobby.

„Du bekommst es nicht, nur für harte Arbeit. Außerdem dient es meinem Vergnügen und meinem Interesse. Ich glaube an dich und ich möchte, dass mein Glaube gerechtfertigt wird. Du brauchst dir nie die Mühe zu machen, Geld von mir anzunehmen. Erstens habe ich es reichlich; zweitens gebe ich es nie ohne *Gegenleistung*, der Handelsinstinkt ist zu stark in mir."

„Nun", sagte Bobby, „das ist sehr nett von dir, und ich werde dir das Geld zurückzahlen, wenn –"

Tozer zündete sich eine Zigarette an; Er warf das Streichholz ungeduldig hin.

„Wenn! Sie werden nichts tun, wenn Sie mit einem „Wenn" beginnen. Entscheiden Sie sich jetzt schnell und ohne „Wenn"! Willst du, oder nicht?"

„Das werde ich", sagte Bobby, der die Idee plötzlich begriff und Feuer fing. „Ich glaube, ich kann es schaffen, wenn –"

"Wenn!" schrie Tozer.

„Ich *werde* es tun. Ich werde einen Plan finden. Ich werde sofort in meinem Gehirn graben – ich werde herumjagen."

„Dann geh mit dir", sagte Tozer, „und schick dein Gepäck hierher und komm heute Abend mit deinem Plan zurück. Du kannst in deinem Schlafzimmer arbeiten und alle deine Mahlzeiten hier einnehmen – das habe ich vergessen anzugeben. Jetzt ich." Ich werde eine Melodie auf dem Cello spielen.

Bobby ging leichten Herzens. Bevor er Tozer anrief, hatte seine Position begonnen, ihn wirklich zu belasten. Tozer hatte ihm nicht nur finanzielle Unterstützung versprochen, er hatte ihm auch die Unterstützung seines gesunden Menschenverstandes gegeben. Er hatte ihn sanft „auf den Kopf gestellt", und Bobby fühlte sich dadurch umso besser. Es war wie ein Stärkungsmittel. Als er die Treppe hinunterstieg, steigerte sich seine gute Laune mit jedem Schritt.

Bobby war kein Schwamm. Bridge und der Verwandte hatten ihn am Laufen gehalten, und es war ihm immer gelungen, seine Schulden zu begleichen, mit Ausnahme vielleicht eines oder zweier Handwerker; noch hätte er diese Gunst von einem anderen Mann als Tozer angenommen, und vielleicht nicht einmal von Tozer, wenn sie nicht von dem „Klauen" begleitet gewesen wäre.

Also machte er sich leichtsinnig, jung, gutaussehend, gut gekleidet, aber nur mit einem Souverän, auf die Suche durch die Sommerlandschaft Londons nach der Handlung für einen Roman.

Er war die Handlung eines Romans oder zumindest der Anfang eines Romans, wenn er es gewusst hätte!

Das tat er nicht, aber er kannte Tozers fiktionale Neigungen genau und verstand genau, was Tozer wollte. Knochen, Rippen und Wirbel, Konstruktion – oder mit anderen Worten: Geschichte. Tozer ließ sich nicht mit gutem Schreiben, mit langen introspektiven Kapiteln, die sich mit der Kindheit des Autors befassen, mit Scheinpsychologie, die sich als Fiktion tarnte, abwimmeln; Tatsächlich hätte Bobby die beiden letztgenannten Merkmale auch nicht liefern können. Tozer wollte Taten, Menschen, die sich unter der Herrschaft der Absichten des Autors auf den Beinen bewegen, sich durch Situationen hindurch auf ein bestimmtes Ziel zubewegen.

Draußen in der Vigo Street und trotz der Aura der Inspiration, die Bodley Head umgab, geriet Bobbys gute Laune leicht in den Schatten; es schien ihm auf einmal, als hätte er eine Aufgabe übernommen. Als er in der Cork Street einen Moment lang dastand und die seltenen Ausgaben betrachtete, die in den Fenstern von Elkin Mathews ausgestellt waren, wuchs dieses Gefühl und steigerte sich.

Eine Aufgabe bedeutete für Bobby etwas Unangenehmes, und die eleganten Bände kleinerer Dichter, Exemplare des Gelben Buches und pergamentgebundene Ausgaben der Belletristik sagten ihm: „Du musst einen Roman schreiben, mein Junge." , ein guter Mudie- Roman, die Art von Roman, für den die Tozers des Lebens bezahlen werden; keine kleinen Essays, die mit dem kleinen Finger nach oben geschrieben wurden. Keine modernen Verse wie Ihre „Harmonies and Discords", deren Produktion Sie fünfundzwanzig Pfund gekostet hat verkaufte sechzehn Exemplare von sich selbst, laut letzten Rückmeldungen. Du musst jetzt der harmonische Schmied sein; schlüpf in deine Schürze, geh unter deinen ausladenden Kastanienbaum und produziere."

In der Bond Street traf er Lord Billy Tottenham, einen Landsmann aus Oxonia , der neulich in einem Schlammloch in Flandern ums Leben kam.

Lord Billy, mit einem jungenhaften, selbstgefälligen, aber unbeweglichen Gesicht, geschmückt mit einer Brille mit Schildpattrand.

„Hallo, Bobby!" sagte Billy.

„Hallo, Billy!" sagte Bobby.

"Was fehlt dir?" fragte Billy.

„Bruch zur Welt, mein Lieber."

„Was war das Pferd?" fragte Billy.

„Es war kein Pferd – hauptsächlich ein Mädchen."

„Nun, du bist nicht der erste Kerl, der von einem Mädchen pleite gemacht wurde", sagte Billy. „Gehen Sie ein bisschen mit – aber es hätte schlimmer sein können."

"Wie so?"

„Vielleicht hat sie dich geheiratet."

„Vielleicht; aber das Schlimmste ist, dass ich arbeiten muss – die Ärmel hochkrempeln und arbeiten muss."

„Was um?"

„Romanschreiben."

„Nun, das ist ganz einfach", sagte Billy fröhlich. „Du kannst ganz einfach irgendeinen literarischen Verein dazu bringen, das Schreiben zu übernehmen und deinen Namen darauf zu kleben, und wir werden alle deine Bücher kaufen, mein Junge, wir werden alle deine Bücher kaufen; nicht, dass ich jemals viel Bücher gelesen hätte, aber ich" Ich kaufe sie , wenn du sie schreibst . Komm ins Jubber's .

Arm in Arm betraten sie Long's Hotel, in dem Billy wohnte, und bei einem gemeinsamen Whisky und Limonade vergaßen sie Bücher und diskutierten über Pferde; Sie aßen zusammen zu Mittag und diskutierten über Hunde, Mädchen und gemeinsame Freunde. Es war wieder wie in alten Zeiten, aber über den Likören und dem Zigarettenrauch erschien Bobby plötzlich die Vision von Tozer. Er verabschiedete sich von dem Wohlhabenden und ging. „Ich muss arbeiten", sagte Bobby.

Sein vorübergehendes Abweichen von der Richtung des Ziels trug nur dazu bei, ihn zusammenzureißen, und jetzt schien es, als hätten das Mittagessen und das Abweichen die Sache einfacher gemacht. Er sagte sich, wenn er nicht klug genug wäre, eine Verschwörung für einen Sechs-Schilling-Roman auszuhecken, sollte er sich besser ertränken. Wenn er nicht das tun könnte, was Hunderte von Menschen mit der Hälfte seines Wissens über die Welt und seiner Fähigkeiten taten, wäre er ein Volltreffer.

Wenn ihn irgendetwas deprimierte, dann war es Billys schreckliche und vergebliche Versicherung, dass „seine Freunde seine Bücher kaufen würden". Er ging zu Pactolus Mansions und befahl, sein Gepäck nach Albany zu schicken, dann wechselte er seinen Souverän und kaufte eine Zigarre, dann gab ihm ein Omnibus eine Inspiration. Er würde auf einen Omnibus steigen und in dieser kühlen und luftigen Position ein wenig nachdenken.

Es war keine originelle Idee; Er hatte von einem berühmten Autor gelesen oder davon gehört, der sich seine Intrigen auf dem Dach von Omnibussen ausgedacht hatte – aber es war eine Idee. Er kletterte auf das Dach eines nach Osten fahrenden Busses und versuchte, sich hinter einer dicken Dame mit Signalhörnern auf der Motorhaube zu beruhigen.

Warum nicht eine Geschichte über – Billy machen? Die Leute lasen gern über die Aristokratie, und Billy war auf seine Art ein Charakter und mit ihm waren viele Geschichten verbunden. Er könnte das Buch großartig beginnen, einfach mit Erinnerungen an Visionen von Lord William Tottenham in seinen fröhlichsten Stimmungen. LWT leert Cliquot -Flaschen in einen Flügel in Oxford. Oxford – ja, immer großartiger – das Buch sollte in Oxford mit einem frischen und lebendigen Bild des Universitätslebens beginnen . Tozer und viele andere würden hereinkommen; dann, nach Oxford, kam das Problem.

Die Geschichte, die so heiter begonnen hatte, endete plötzlich.

Ein Charakter und eine Situation machen keine Geschichte.

Sie hatten die Bank erreicht – wie aus Spott, als er sich das sagte. Er stieg aus dem Omnibus und stieg in einen nach Westen fahrenden Omnibus, der in das Land zurückkehrte, das er kannte. Er erinnerte sich an den Ausdruck „sich den Kopf zerbrechen, um eine Verschwörung zu finden". Er wusste jetzt, was es bedeutete.

Am Piccadilly Circus, wo sich alles trifft, erregte ein schlaksiges, wild aussehendes, rothaariges Mädchen mit einem Bilderhut und einem Anfall von Abstraktion – das war der Eindruck, den sie vermittelte – seine Aufmerksamkeit. Einen Augenblick später war er hinter ihr her.

Hier war die Erlösung. Julia Delyse , die Letzte, deren Bücher sich zu Hunderttausenden verkauften. Er hatte sie auf dem Drei-Künste-Ball und seitdem noch einmal getroffen. Beim zweiten Mal hatte sie ihn Bobby genannt. Er hatte mit ihr geflirtet, wie er mit allem geflirtet hatte, das Röcke trug, und hatte sie vergessen. Sie war sehr modern; modern genug, um Großmutters Kopfhaut zu sträuben. Ihr Aussehen sollte dazu passen.

„Hallo", sagte er.

„Hallo, Bobby", sagte Julia.

„Du bist genau die Person, die ich sehen möchte", sagte Bobby.

"Wie ist das?" sagte Julia.

„Ich stecke in der Klemme."

„Was für eine Lösung?"

„Ich muss einen Roman schreiben."

"Warum die Eile?" fragte Julia.

„Geld", sagte Bobby.

"Geld verdienen?"

"Ja."

„Wenn du für Geld schreibst, bist du verloren", sagte Julia.

„Ich bin sowieso verloren", antwortete Bobby. „Wohin gehst du?"

„Zuhause; meine Wohnung ist in der Nähe. Komm und trink einen Tee."

„Es macht mir nichts aus. Nun, sehen Sie hier; ich muss es tun und ich kann nichts finden, worüber ich schreiben könnte."

„Mit ganz London vor dir?"

„Ich weiß, aber wenn ich anfange zu denken, habe ich alles hinter mir. Ich möchte, dass du mich mit einer Idee beginnst; du bist voller Ideen und kennst dich aus."

Sie hatten die Wohnung erreicht und die Dame mit Ideen führte ihn hinein.

Das Wohnzimmer war in Schwarz mit japanischen Elementen gehalten; Sie bot Zigaretten an, zündete sich selbst eine an und es wurde Tee gebracht.

Dann begann die Hypnose.

Die Tatsache, dass sie eine „berühmte Autorin" war, hätte Bobby gestern überhaupt nicht interessiert; Heute, auf seinem neuen, seltsamen Weg, verlieh es ihr einen Zauber, der die Faszination ihrer wundersamen Augen vervollständigte. Auf der Straße wirkten sie wild, aber wenn sie eines intensiv ansah, waren sie wunderbar. Handlungsstränge waren vergessen, und in der Dämmerung hätte man Bobbys volle, musikalische Stimme hören können, wie er über Literatur diskutierte – mit langen Pausen.

„Liebes altes Ding… Ist das Kissen bequem?

Zwanzig Mal war er von Mädchen gefesselt und von seinen Eltern vom Haken gerissen worden oder von der Fischerin zurückgeworfen worden, als sie seinen Kontostand überprüfte, aber so war er noch nie zuvor gehakt worden, denn Julia hatte keine nennenswerten Eltern; Sie stand über den Bankguthaben, und ihr Griff war eisern, wenn es um Leidenschaft und Verleger ging. Ihre Verleger hätten Ihnen sagen können, dass sie sich ihrer Rechte bemächtigte, als sie versuchten, sie um sie zu bringen, denn trotz ihrer wundersamen Augen und ihres wilden Auftretens und der Tatsache, dass sie ein Genie war, war sie sowohl praktisch als auch hartnäckig.

Dann, am Ende der *Séance*, verließ Bobby die Wohnung als halb gefesselter Mann. Er konnte sich nicht erinnern, ob er ihr oder sie ihm einen Heiratsantrag gemacht hatte, oder ob einer von ihnen einen Heiratsantrag gemacht oder ihn tatsächlich angenommen hatte, aber es gab eine Bindung zwischen ihnen, eine Bindung, die nur geringfügig genug war und vor keinem Gericht bindend war; Es entstand weniger eine Verlobung als vielmehr eine Bindung, sagte er sich.

Auf der Straße erinnerte er sich jedoch daran, dass eine Verbindung zwischen ihm und einer Autorin nicht das war, was Tozer wollte; er hatte weder eine Handlung noch einen literarischen Hinweis erhalten. Hätte er während der *Séance* seine klaren Sinne bewahrt und hätte er die brillanten und zynischen Bücher von Julia Delyse gekannt, hätte er sich vielleicht gefragt, woher die Brillanz und der Zynismus kamen. In der Liebe war Julia absolut unliterarisch – und ein bisschen schwermütig – sozusagen.

Der flüchtige Gedanke, zurückzulaufen und nach der vergessenen Verschwörung zu fragen, wie nach einem zurückgelassenen Hut, wurde durch das plötzliche Gefühl, dass sie schwer war, zerstreut.

Unter der Faszination ihrer Augen und in diesem seltsamen Raum wirkte sie leicht; In der St. James's Street, wo er sich jetzt befand, schien sie schwerfällig zu sein. Und er müsste den Eigensinn noch eine Weile weiterführen, sonst würde er brutal sein. Diese Erkenntnis, verbunden mit der Erinnerung an Tozer und der Erkenntnis, dass er bei der Suche nach dem einen Wesentlichen gescheitert war, deprimierte ihn für einen Moment. Dann beschloss er, alles zu vergessen und zu Abend zu essen. Mit anderen Worten: Da seine Suche nach dem, was er wollte, scheiterte, hörte er auf zu suchen und überließ die Sache dem blinden Zufall.

KAPITEL II
ONKEL SIMON

Oder Schicksal, wenn es Ihnen besser gefällt, denn es war Schicksal, dass Bobby an diesem Tag das finden sollte, wonach er suchte.

besuchten kleinen Club in einer Seitenstraße der St. James's Street, traf einen Freund namens Foulkes und begab sich in die Alhambra, wobei Foulkes darauf bestand, die gesamte Bezahlung zu übernehmen.

Sie verließen die Alhambra um halb elf.

„Ich muss zurück zum Albany", sagte Bobby. „Ich teile das Zimmer mit einem Kerl, und er ist ein Frühaufsteher."

„Oh, lass ihn warten", sagte Foulkes. „Kommen Sie für zehn Minuten in den Stage Club."

Sie gingen zum Stage Club. Dann machten sie sich auf den Weg, da der Ort leer war und es dort wenig Vergnügen zu finden gab. Foulkes erklärte auf dem Heimweg seine Entschlossenheit, Bobby wiederzusehen.

Als Foulkes an einer großen, lichtdurchfluteten und vom Lärm einer entfernten Band erfüllten Eingangshalle vorbeikam, blieb er stehen.

„Kommen Sie für einen Moment hierher", sagte er. Sie gingen hinein.

Der Ort war fröhlich – sehr schwul. Kleine Tische mit Marmorplatten standen herum; Französische Kellner laufen von Tisch zu Tisch und bedienen Gäste – Damen und Herren.

An einer langen, glitzernden Bar standen viele Männer, und eine rote ungarische Band spielte scharlachrote Musik.

Foulkes nahm einen Tisch und bestellte eine Erfrischung. Der Ort war schrecklich. Man konnte nicht genau sagen, was daran im Widerspruch zu all den feineren Gefühlen und dem Gefühl von Heimat, Einfachheit und Glück stand.

Bobby, der ziemlich deprimiert war, spürte das, aber Foulkes, ein Mann mit härterem Charakter, schien ganz glücklich zu sein.

„Was fehlt dir, Ravenshaw?" fragte Foulkes.

„Nichts", sagte Bobby. „Nein, ich werde nichts mehr trinken. Ich muss arbeiten –"

Dann blieb er stehen und starrte mit großen Augen vor sich hin.

„Was ist jetzt?" fragte Foulkes.

„Guter Gott!" sagte Bobby. „Schau dir den Kerl an der Bar an!"

"Welcher?"

„Der mit dem Strohhut auf dem Hinterkopf. Das kann nicht sein – aber es ist – es ist der Verwandte."

„Derjenige, von dem du mir erzählt hast, hat dich rausgeschmissen und dich mit einem Schilling abgeschnitten?"

„Ja. Onkel Simon. Nein, das ist es nicht, das kann nicht sein. Es ist allerdings in einem Strohhut . "

„Und quietschend ", sagte Foulkes.

Bobby stand auf, verließ den anderen und schlenderte lässig zur Bar. Der Mann an der Bar spielte mit einem Glas Sodawasser, das man ihm auf Duldung gegeben hatte. Bobby kam näher an ihn heran. Ja, das war die rechte Hand mit der weißen Narbe – die sich ein junger Mann auf der „Jagd" zugezogen hatte – und dem Siegelring.

Das letzte Mal, dass Bobby Onkel Simon getroffen hatte, war im Büro im Old Serjeants' Inn. Onkel Simon, der mit dem Rücken zum großen John Tann-Safe an seinem Schreibtisch saß, war in bitterer Stimmung gewesen; nicht wütend, aber streng. Bobby, der mit dem Hut in der Hand vor ihm saß, hatte sich weder für sein Verhalten gegenüber Mädchen noch für sein dummes Engagement oder seine Untätigkeit entschuldigt oder entschuldigt. Er hatte viele schlimme Fehler, aber er leugnete sie nie und versuchte auch nicht, sie durch Erklärungen und Lügen herunterzuspielen .

„Ich habe versucht, dich schweben zu lassen", hatte Onkel Simon gesagt, als wäre Bobby eine Firma. „Ich habe versagt. Nun, ich habe meine Pflicht getan, und ich sehe klar ein, dass ich meine Pflicht nicht erfüllen werde, wenn ich so weitermache; die Gnade, die ich dir gemacht habe, ist zu Ende. Du musst jetzt alleine schwimmen." Ich hätte niemals Geld in Ihre Hände legen sollen; das verstehe ich durchaus."

„Ich kann meinen Lebensunterhalt selbst bestreiten", sagte Bobby. „Ich bin nicht ohne Dankbarkeit für das, was Sie getan haben –"

„Und es ist eine nette Art und Weise, wie du deine Dankbarkeit gezeigt hast", sagte der andere, „dass du dich so verstrickst – beim Spielen, beim Kneipenbesuch."

Damit war das Interview beendet. Barbesuche!

„Onkel Simon!" sagte Bobby halb nervös und berührte den anderen am Arm.

Onkel Simon drehte sich langsam um. Nach allem, was Onkel Simon wusste, hätte Bobby König Knut sein können. Er hatte das Stadium überschritten, in dem das Wort „Onkel" bei einem Fremden Zorn oder Überraschung erregt hätte.

"Hase Sie?" sagte Simon. „Etwas trinken?"

Ja, Onkel Simon hatte Recht, und Bobby hatte in seinem ganzen Leben noch nie einen solchen Schock erlitten wie den, der ihn jetzt, als er diese Tatsache völlig erkannte, überkam. Die Umwandlung der St. Paul's Cathedral in einen Spielladen, der als Clown verkleidete Bischof von London, hätte daran nichts geändert. Er war entsetzt. Er kam schnell zu dem Schluss, dass Onkel Simon irgendwie zum Scheitern verurteilt war und verrückt geworden war. Eine vage Vorstellung schoss ihm durch den Kopf, dass sein angesehener Verwandter so gekleidet war, um sich vor Gläubigern zu verstecken, aber er hatte genug Verstand, keine Fragen zu stellen.

„Es macht mir nichts aus", sagte er; „Ich nehme eine kleine Limonade."

„Kleine Großmutter", sagte die andere; Dann nickte er dem Barkeeper zu: „ Noch nicht dasselbe wie meins."

"Was hast du gemacht?" fragte Bobby vage, als er das Glas nahm.

„ Um die Stadt herum – um die Stadt herum", antwortete der andere. „ Freut mich , Sie kennenzulernen. Was haben Sie gemacht ?"

„Oh, ich bin gerade durch die Stadt gelaufen."

„ Rund um die Stadt, das ist der Weg – um die Stadt herum", antwortete der andere. „ Rund umher und umher und umher durch die Stadt."

Foulkes mischte sich in diese intellektuelle Diskussion ein.

„Ich bin weg", sagte Foulkes.

„Bleib eine Minute ", sagte Onkel Simon. „Was willst du haben?"

„Nichts, danke", sagte Foulkes.

„Komm schon", sagte Bobby und nahm den Arm seines Verwandten.

„ Wohin ?" fragte der andere und hielt sich etwas zurück.

„Oh, wir werden eine Runde durch die Stadt machen – eine Runde und eine Runde. Komm schon." Dann zu Foulkes: „Hol dir schnell ein Taxi!"

Foulkes verschwand zur Tür.

Dann verfiel Simon der Idee einer Rundfahrt durch die Stadt, Arm in Arm schlängelten sich die beiden zwischen den Tischen hindurch, der Zynosmus aller Augen, Simon zeigte Neigung, anzuhalten und mit sitzenden und völlig Fremden zu plaudern, Bobby schwitzte und errötend. Alle Vorträge über schnelles Leben, die er jemals ertragen musste, waren nichts dagegen; Zum ersten Mal in seinem Leben wurde ihm die Schande der Torheit klar vor Augen geführt, und die Erleichterung auf der Straße und im wartenden Taxi war unbeschreiblich.

Sie haben Simon reingepackt.

„Nr. 12, King Charles Street, Westminster", sagte Bobby zum Fahrer.

Onkel Simons Kopf und Büste tauchten an der Tür des Fahrzeugs auf, und die von Bobby angegebene Adresse schien die Idee, in der Stadt herumzufahren, in seinem Kopf gelähmt zu haben.

„Ch'ing Cross Hotel", sagte er. „Willst du etwa die falsche Adresse angeben? Ich wohne im Ch'ing Cross Hotel."

„Nun, lass uns *zuerst zur Charles Street gehen* ", stimmte Bobby zu.

„Nein – Ch'ing Cross Hotel – dort wartet Gepäck ."

Bobby hielt inne.

Konnte es möglich sein, dass dies die Wahrheit war? Es könnte nicht seltsamer sein als die Wahrheit vor ihm.

„In Ordnung", sagte er. „Charing Cross Hotel, Fahrer."

Er verabschiedete sich von Foulkes, stieg ein und schloss die Tür.

Onkel Simon schien zu schlafen.

Das Charing Cross Hotel war nicht weit entfernt, und als sie dort ankamen, sprang Bobby, der den Schlafenden ungestört ließ, hinaus, um sich zu erkundigen, ob dort ein Mr. Pettigrew wohnte; wenn nicht, könnte er weiter zur Charles Street gehen.

Im Flur fand er den Nachtportier und Mudd.

„Mein Gott! Herr Robert, was machen Sie hier?" sagte Mudd.

Bobby nahm Mudd beiseite.

„Was ist mit meinem Onkel, Mudd?" fragte Bobby mit einem tragischen, halb flüsternden Ton.

"Gegenstand!" sagte Mudd, zutiefst beunruhigt. „Was hat er gemacht?"

„Ich habe ihn draußen in einem Taxi erwischt", sagte Bobby.

"Oh Gott sei Dank!" sagte Mudd. „Er ist nicht verletzt, oder?"

„Nein, nur drei Blätter im Wind."

Mudd machte sich auf den Weg zur Tür, gefolgt von dem anderen.

Simon schlief noch.

Sie holten ihn heraus und brachten ihn gemeinsam wieder herein, wobei Bobby den Fahrpreis mit dem Rest seines Souveräns bezahlte.

Als Mudd im Zimmer ankam, schaltete er das elektrische Licht ein und dann brachten sie gemeinsam den Nachtschwärmer ins Bett. Mudd faltete seinen Mantel zusammen, suchte in den Taschen und fand einen Türklopfer aus Messing. „Guter Gott!" murmelte Mudd. „Er hat Klopfer gekriegt."

Er versteckte den Türklopfer in einer Schublade und machte weiter. Zwei Pfund zehn waren alles, was in den Kleidern zu finden war, aber wie durch ein Wunder hatte Simon seine Uhr und seine Kette behalten.

Bobby war erstaunt über Simons Pyjama , den Mudd aus einer Schublade genommen hatte; Blau und gelb gestreifte Seide, nicht weniger.

„Es wird ihm jetzt gut gehen, und ich werde ihn mir noch einmal ansehen", sagte Mudd. „Kommen Sie herunter, Herr Robert."

„Mudd", sagte Bobby, als sie wieder in der Halle waren, „was ist los?"

„Er ist weg", sagte Mudd; „im Kopf verschwunden."

"Verrückt?"

„Nein, nicht verrückt; es ist eine vorübergehende Aufhebung. Einige davon sind neue Krankheiten, sagt der Arzt. Es ist seine Jugend, die in ihn zurückgekehrt ist, gewachsen wie ein Weisheitszahn. Gestern hatte er genauso recht wie du oder ich; heute Morgen hat er angefangen für das Amt so richtig wie ich. Es muss ihm plötzlich aufgefallen sein. Letztes Jahr passierte das Gleiche und er hat es überwunden. Es hat allerdings einen Monat gedauert."

"Du lieber Himmel!" sagte Bobby. „Ich habe ihn zufällig in einer Bar getroffen. Wenn er einen Monat lang so weitermacht, wirst du viel Arbeit haben, Mudd."

„Es gibt keinen Namen", sagte Mudd. „Herr Robert, das muss in der Familie und außerhalb des Büros bleiben; Sie müssen ihm helfen."

„Ich werde mein Bestes geben", sagte Bobby lustlos, „aber halt, Mudd, ich muss jetzt meinen Lebensunterhalt verdienen. Ich habe keine Zeit, mich in Bars und Lokalen umzusehen und ob es heute Abend eine Kostprobe gibt."
—"

„Wir müssen ihn aufs Land oder irgendwohin bringen", sagte Mudd, „sonst bedeutet es den Ruin für das Geschäft und Gott weiß was alles. Es muss erledigt werden, Mr. Robert, und Sie müssen helfen." , da er der einzige Verwandte ist."

„Konnte dieser Arzt sich nicht um ihn kümmern?"

„Er nicht", sagte Mudd; „Er hat mir Anweisungen gegeben. Der Kapitän muss einfach in Ruhe gelassen werden; jede Vereitlung oder Kontrolle könnte dazu führen, dass er davonkommt. Er muss geführt werden, nicht getrieben."

Bobby pfiff leise und zwischen seinen Zähnen. Er konnte Onkel Simon nicht im Stich lassen. Er erinnerte sich nie daran, dass Onkel Simon ihn wegen eines solchen Verhaltens oder noch weniger verlassen hatte, denn Bobby, so dumm er auch war, hatte selten die Position erreicht, in der er Onkel Simon vor einiger Zeit vorgefunden hatte.

Bobby war jung, großzügig, vergesslich und leicht zu verzeihen, und so kam es seiner offenen Seele in diesem kritischen Moment nie in den Sinn, dass der Verwandte ihn verlassen und mit einem Schilling abgeschnitten hatte.

Onkel Simon musste versorgt werden. Er spürte, dass Mudds Worte über das Büro wahr waren. Wenn das bekannt würde, würde das das Geschäft ruinieren. Bobby war kein Dummkopf, und er wusste etwas über Simons Verantwortung; Er verwaltete Nachlässe, verwaltete Treuhandgelder und war der angesehenste Anwalt in London. Himmel! Wenn das bekannt wäre, was für ein Hasenlauf für verängstigte Kunden würde das Old Serjeants' Inn innerhalb von vierundzwanzig Stunden werden!

Andererseits war Bobby ein Ravenshaw. Die Ravenshaws standen weit über den Pettigrews . Die Ravenshaws waren eine stolze Rasse, und der alte Admiral, sein Vater, der sein ganzes Geld in patagonischen Anleihen verloren hatte, war der stolzeste von allen, und er hatte seinen Stolz an seinen Sohn weitergegeben.

Ja, abgesehen vom Büro muss für Onkel Simon gesorgt werden.

Wenn US nun ein Wahnsinniger gewesen wäre, wäre die Aufgabe abscheulich, aber einfach gewesen, aber ein Mann, der plötzlich eine außergewöhnliche Jugend entwickelt hatte und dennoch, wie der Arzt sagte, bei Verstand war – ein Mann, der nur humorvoll und geführt sein musste – war eine noch schlimmere Angelegenheit .

Für einen jungen Narren den Bärenführer zu spielen, war etwas völlig anderes, als selbst ein junger Narr zu sein. Sogar seine Erfahrung von vor einer Stunde sagte Bobby das; Diese kurze Erfahrung war seine erste eindringliche Lektion über die Abscheulichkeit der Torheit. Er scheute die Aussicht, mit der Aufgabe fortzufahren. Aber für Onkel Simon muss gesorgt werden. Er konnte weder über noch unter diesen Zaun gelangen.

„Nun, ich werde tun, was ich kann", sagte er. „Ich komme morgen früh vorbei. Aber sehen Sie, Mudd, woher bekommt er sein Geld?"

„Er hat irgendwo zehntausend Pfund versteckt", sagte Mudd.

„Zehntausend was?"

„Pfund. Irgendwo waren zehntausend Pfund versteckt. Der Arzt sagte mir, er hätte es. Er hat letztes Jahr das gleiche abgenommen und fünf in einem Monat ausgegeben."

"Fünf Pfund?"

„Fünftausend, Herr Robert."

„Fünftausend in einem Monat! Ich sage, das ist ernst, Mudd."

„Oh, Herr! Oh, Herr!" sagte Mudd. „Erzähl es mir nicht – ich weiß – und ich arbeite seit vierzig und fünfhundert Jahren."

„Er hätte es heute nicht mitnehmen können, meinen Sie?"

„Nein, Mr. Robert, ich glaube nicht, dass er so weit gekommen ist. Er war schon immer ziemlich nah dran an seinem Geld, und Nähe bleibt hängen, Abschaffung hin oder her; aber es ist nicht das Geld, um das ich mir so große Sorgen mache ." wie die Frauen."

„Welche Frauen?"

„Diejenigen, die immer auf der Hut sind wie er."

„Nun, wir müssen sie vertreiben ", sagte Bobby.

„Sie werden morgen früh hier sein, Herr Robert?"

„Ja, ich werde hier sein und in der Zwischenzeit ein Auge auf ihn haben."

„Oh, ich werde ein Auge auf ihn haben", sagte Mudd.

Dann sah der gähnende Nachtportier, wie diese seltsame Konferenz zu Ende ging: Mudd ging nach oben und Bobby ging, ein nüchternerer und weiserer junger Mann als bei seinem Eintritt.

Es war spät, als er die Albany erreichte. Tozer saß aufrecht und las ein Buch über Kontrapunkt.

„Na, was für ein Glück?" fragte Tozer, erfreut über die Ernsthaftigkeit und Nüchternheit des anderen.

„Ich habe einen Plan gefunden", sagte Bobby; „Zumindest in der Mitte von eins, aber es ist beschwipst."

"Beschwipst?"

„Es ist mein – Tozer, das ist ein absolutes Geheimnis zwischen dir und mir – es ist mein Verwandter."

"Dein Onkel?"

"Ja."

„Was zum Teufel meinst du?"

Bobby erklärte es.

Tozer kochte Tee über einer Spirituslampe, während er zuhörte, dann reichte er dem anderen eine Tasse.

„Das ist interessant", sagte er, während er sich wieder hinsetzte und eine Pfeife stopfte. "Das ist interessant."

„Aber schauen Sie mal", sagte der andere, „glauben Sie das? Kann ein Mann wieder jung werden und alles vergessen und so weitermachen?"

„Ich weiß es nicht", sagte Tozer, „aber ich glaube, dass er es kann – und er scheint es zu tun, nicht wahr?"

„Das tut er. Wir haben einen Klopfer in seiner Manteltasche gefunden."

„Ich bitte um Verzeihung, was?"

„Ein Türklopfer; er muss ihn irgendwo von einer Tür abgewrungen haben, einen großen Messingklopfer, wie ein Löwenkopf."

"Wie alt ist er?"

"Onkel?"

"Ja."

"Sechzig."

Tozer berechnet.

„Vor vierzig Jahren – ja, damals klingelten die jungen Leute in der Stadt noch an den Türklopfern; es ging aus, aber ich hatte einen Onkel, der das gemacht hat. Das ist interessant." Dann explodierte er. Er hatte Simon, den Anwalt, noch nie gesehen, sonst wäre seine Heiterkeit vielleicht lauter gewesen.

„Es ist sehr leicht zu lachen", sagte Bobby ziemlich verärgert, „aber du würdest nicht lachen, wenn du in meiner Lage wärst – ich muss auf ihn aufpassen."

„Ich bitte um Verzeihung", sagte Tozer. „Jetzt möchte ich es ernst meinen. Was auch immer passiert, Sie haben eine schöne *Ficelle* für eine Geschichte. Ich meine es ernst; es will nur klappen."

„Oh, mein Himmel!" sagte Bobby. „Isst man seine Großmutter? Und wie soll ich solche Geschichten schreiben?"

„Er wird es für dich schreiben", sagte Tozer, „oder ich irre mich gewaltig, wenn du nur durchhältst und ihm eine Chance gibst. Er hat es für dich begonnen. Und was das Essen deiner Großmutter angeht: Onkel sind keine Großmütter." , und Sie können seinen Namen ändern.

„Ich wünschte, ich könnte es", sagte Bobby. „Die Angst, die ich habe, besteht darin, dass sein Name in irgendeiner verrückten Eskapade ans Licht kommt."

„Ich gehe davon aus, dass er schon oft die gleiche Angst vor Ihnen hatte", sagte Tozer.

„Ja, aber ich hatte kein Büro und kein großes Unternehmen."

„Nun, du hast jetzt eins", sagte Tozer, „und es wird dir Verantwortung beibringen, Bobby; es wird dir Verantwortung beibringen."

„Haben Sie Verantwortung!"

„Ich weiß; das hat dein Onkel ohne Zweifel oft gesagt. Verantwortung ist das Einzige, was Menschen Halt gibt, und der Sinn dafür ist der Großvater aller anderen anständigen Sinne. Dafür wirst du ein viel besserer Mann sein, Bobby, oder mein Name ist nicht Tozer.

„Ich wünschte, es wäre Ravenshaw", sagte Bobby. Dann ließ ihn die Erinnerung innehalten.

„Ich sollte dir sagen –" sagte er, dann hielt er inne.

"Also?" sagte Tozer.

„Ich habe dir versprochen, damit aufzuhören – ähm – Mädchen hinterherzualbern."

„Das heißt, ich gehe davon aus, dass Sie es getan haben."

„Nicht ganz, und doch –"

"Mach weiter."

Bobby erklärte es.

„Nun", sagte Tozer, „ich verzeihe dir. Es war eine gute Absicht, die durch den Atavismus verdorben wurde. Du bist für einen Moment zu deinem alten Selbst zurückgekehrt, wie dein Onkel Simon. Weißt du, Bobby, ich glaube, diese Krankheit deines Onkels ist mehr verbreiteter, als man sich vorstellen kann – wenn auch natürlich in einer weniger akuten Form. Wir alle kehren immer wieder zu unserem alten Selbst zurück, durch Anfälle – und zahlen für die Rückkehr. Sie sehen, was Sie heute getan haben. Ihr Onkel Simon hat nichts Törichteres getan, ihr habt beide wieder zu euch selbst zurückgefunden.

„Herr, dieses alte Ich! All die Erfahrung und Weisheit der Welt hält es nicht auf, scheint mir, wenn es zurückkehren will. Nun, du hast es geschafft, und wenn du deine Geschichte schreibst, kannst du es sagen." Sie selbst und Ihr Onkel und nennen das Ganze „Eine schreckliche Warnung". Gute Nacht."

KAPITEL III
DIE HUNDERT-PFUND-NOTE

Onkel Simon erwachte voller Durst, aber ohne Kopfschmerzen; Eine gute Konstitution und jahrelanges geregeltes Leben hatten ihm einen großen Ausgleich verschafft, auf den er zurückgreifen konnte.

Mudd war im Raum und ordnete die Dinge; er hatte gerade die Jalousie hochgezogen.

"Wer ist er?" fragte Simon.

„Mudd", antwortete der andere.

Mudds *hervorragendes Ensemble* als Hoteldiener einer neuen Art schien Simon zu gefallen, und er akzeptierte ihn sofort, so wie er alles akzeptierte, was ihm gefiel.

„Gib mir die Wasserflasche", sagte Simon.

Mudd gab es. Simon trank es halb leer und gab es zurück. Der Trank schien auf ihn zu wirken wie das Lebenselixier.

„Was machst du mit diesen Klamotten?" sagte er.

„Oh, ich falte sie einfach", sagte Mudd.

„Nun, lass sie einfach in Ruhe", antwortete der andere. „Ist da Geld in den Taschen?"

„Das ist nicht das, was du letzte Nacht getragen hast", sagte Mudd; „Da waren zwei Pfund zehn in den Taschen von dem, was du anhattest. Hier ist es, auf dem Kaminsims."

„Gut", sagte Simon.

„Hast du irgendwo noch mehr Geld?" fragte Mudd.

Jetzt wirkte Simon, verschwenderisch gegenüber Vergnügen und rücksichtslos gegenüber Geld wie der Wind, vor Mudd vorsichtig und ein wenig misstrauisch. Es war, als würde sein unterschwelliger Verstand in Mudd Zurückhaltung, Vormundschaft und gesunden Menschenverstand erkennen.

„Keinen halben Penny", sagte er. „Gib mir die zwei Pfund zehn."

Mudd, beunruhigt über die Energie des anderen, legte das Geld auf den kleinen Tisch neben dem Bett.

Simon war sofort besänftigt.

„Jetzt hol mir ein paar Klamotten raus", sagte er. Er schien Mudd nun als persönlichen Diener akzeptiert zu haben – wann wurde er eingestellt? Der Himmel weiß wann; Details wie diese interessierten Simon nicht.

Staunend und traurig legte Mudd einen Anzug aus blauem Serge, eine blaue Krawatte, ein Hemd und andere Seidensachen hervor. Es gab ein Badezimmer neben dem Schlafzimmer, und als die Sachen abgestellt waren, stand Simon auf und ging ins Badezimmer, und Mudd nahm auf einem Stuhl Platz und lauschte seinem Tupfen und Planschen – auch dem Pfeifen, offensichtlich in bester Stimmung , Stimmungen, die einen weiteren perfekten Tag ankündigen.

„Führe ihn", hatte Oppenshaw gesagt . Mudd wurde bereits geführt. Trotz seiner Verantwortungslosigkeit und seiner guten Laune hatte Simon etwas an sich , das ein Halfter nicht dulden würde, selbst wenn das Halfter aus Seide wäre. Mudd erkannte das. Und das Geld! Was war aus dem Geld geworden? Der verschlossene Koffer könnte es enthalten, aber wo war der Schlüssel?

Mudd wusste nicht einmal, ob sein unglücklicher Herr ihn erkannt hatte oder nicht, und er wagte nicht zu fragen, aus Angst vor Komplikationen. Aber er wusste, dass Simon ihn als Diener akzeptiert hatte und dass dieses Wissen genügen musste.

Wenn Simon ihn abgelehnt und hinausgeworfen hätte, wäre das tatsächlich eine Tragödie gewesen.

Simon betrat das Schlafzimmer mit einem Badetuch in der Hand und begann sich anzuziehen. Mudd reichte ihm Dinge, die Simon entgegennahm, als wäre er sich der Anwesenheit des anderen kaum bewusst. Er schien in einen glücklichen Gedankengang vertieft zu sein.

Angezogen und elegant, aber unrasiert, obwohl er es kaum zu erkennen gab, nahm Simon die zwei Pfund zehn und steckte sie in die Tasche, dann sah er Mudd an. Sein Gesichtsausdruck hatte sich etwas verändert; Er schien in seinem Kopf ein Problem zu lösen.

„Das reicht", sagte er; „Ich werde dich für ein paar Minuten nicht mehr wollen. Ich möchte die Dinge regeln. Du kannst runtergehen und in ein paar Minuten zurückkommen."

Mudd zögerte. Dann ging er.

Er hörte, wie Simon die Tür abschloss. Er ging in einen angrenzenden Korridor und ging auf und ab, während er stumm betete, dass Mr. Robert kommen würde – verwirrt, aufgeregt, verwundert ... Angenommen, Simon wollte allein sein, um ihm die Kehle durchzuschneiden! Der Schrecken dieses

Gedankens wurde durch die Erinnerung daran zerstreut, dass es keine Rasiermesser in der Nähe gab; auch durch die erinnerte Fröhlichkeit des anderen. Aber warum wollte er allein sein?

Zwei Minuten vergingen, drei, fünf – dann ging der Neugierige auf die geschlossene Tür zu und drückte an der Klinke. Die Tür wurde aufgeschlossen und Simon, der mitten im Raum stand, war wieder er selbst.

„Ich möchte, dass Sie eine Botschaft entgegennehmen", sagte Simon.

Als Mr. Robert Ravenshaw zehn Minuten später das Charing Cross Hotel betrat, fand er Mudd vor, der mit seinem Hut auf ihn wartete.

„Gott sei Dank, dass Sie gekommen sind, Herr Robert!" sagte Mudd.

"Was ist jetzt das Problem?" fragte Bobby. "Wo ist er?"

„Er frühstückt", sagte Mudd.

„Nun, das ist jedenfalls vernünftig. Kopf hoch, Mudd. Du siehst aus, als hättest du eine Beerdigung geschluckt."

„Es ist das Geld", sagte Mudd. Dann platzte er heraus: „ Er sagte mir, ich solle das Zimmer verlassen und in einer Minute zurückkommen. Ich ging hinaus und er schloss die Tür ab. Ich kam zurück und da stand er. „Mudd", sagte er, „ich." „Ich habe eine Nachricht für Sie. Ich möchte, dass Sie einer Dame einen Blumenstrauß bringen." Mich!"

"Ja?" sagte Bobby.

„An eine Dame!"

„‚Wo sind die Blumen?' sagte ich und wollte ihn abschrecken. „Du sollst gehen und sie kaufen", sagte er. „Ich habe kein Geld", sagte ich und wollte ihn abwehren. „Hang Geld!" sagte er, und er steckt seine Hand in die Tasche und bringt einen Hundert-Pfund-Schein und einen Zehn-Pfund-Schein hervor. Und er hatte nur zwei Pfund zehn, als ich ihn verließ. Er hat das Geld in diesem Koffer, den ich habe. Ich bin sicher, und er hat mich aus dem Zimmer geholt, um es zu holen.

„Offensichtlich", sagte Bobby.

„‚Hier sind zehn Pfund', sagte er; ‚holen Sie sich den besten Blumenstrauß, den man für Geld kaufen kann, und sagen Sie der Dame, dass ich sie später am Tag besuchen komme.'

„‚Welche Dame?' sagte ich und wollte ihn abwehren.

„‚Das ist die Adresse', sagte er, geht zum Schreibtisch und schreibt sie auf."

Er reichte Bobby ein Blatt Hotelzeitung. Darauf stand Simons Handschrift und ein Name und eine Adresse, die aus seiner Erinnerung stammten, die so hartnäckig an allen angenehmen Dingen festhielt.

„Miss Rossignol, 10, Duke Street, Leicester Square."

Bobby pfiff.

„Habe ich jemals davon geträumt, diesen Tag zu erleben?" trauerte Mudd. „Ich! So eine Nachricht hat *er mir geschickt*!"

„Das ist eine Komplikation", sagte Bobby. „Ich sage, Mudd, er muss gestern beschäftigt gewesen sein – bei *meiner* Seele –"

„Die Frage ist, was soll ich tun?" sagte Mudd. „Ich werde den Ludern keine Blumen bringen."

Bobby dachte einen Moment lang tief nach.

„Hat er dich heute Morgen erkannt?" er hat gefragt.

„Ich weiß es nicht", sagte Mudd, „aber er hat keine Knochen gemacht. Ich glaube nicht, dass er sich richtig an mich erinnert hat, aber er hat keine Knochen gemacht."

„Nun, Mudd, du solltest besser einfach deine Gefühle herunterschlucken und diese Blumen nehmen, denn wenn du es nicht tust und er es herausfindet, könnte er dich feuern. Wo wären wir dann? Der Arzt sagte, nicht wahr?"

„Soll ich gleich den Arzt holen, Sir?" fragte Mudd und klammerte sich an eine verlassene Hoffnung.

„Der Arzt kann ihn nicht davon abhalten, den Mädchen hinterherzulaufen", sagte Bobby, „es sei denn, der Arzt könnte ihn in eine Irrenanstalt stecken; und das kann er doch nicht, nicht wahr, wenn er doch sagt, er sei nicht verrückt? Außerdem gibt es noch das und das Ding würde sicher heraussickern. Nein, Mudd, schluck einfach deine Gefühle herunter und trotte los und hol diese Blumen, und in der Zwischenzeit werde ich tun, was ich kann, um ihn abzulenken. Und siehe hier, Mudd, Vielleicht sehen Sie einfach, wie dieses Mädchen ist.

„Soll ich ihr sagen, dass er verrückt ist und dass sie vielleicht das Gesetz gegen sie hat, wenn sie weiterhin mit ihm herumalbert?" schlug Mudd vor.

„Nein", sagte der weltgewandtere Bobby; „Wenn sie von der falschen Sorte ist, würde das sie nur noch eifriger machen. Sie würde sich sagen: ‚Hier ist ein seltsamer alter Kerl mit Geld, der die Hälfte seiner Eier abbekommt und nicht unter Kontrolle ist; lasst uns Heu machen, bevor sie ihn einsperren.' Wenn sie von der richtigen Sorte ist, spielt es keine Rolle; er ist in Sicherheit, und egal, ob von der richtigen Sorte oder von der falschen Sorte, wenn er herausfindet, dass du dich eingemischt hast, könnte er dich zu deinen Angelegenheiten schicken. Nein, Mudd, es bleibt dir nichts anderes übrig, als die zu bekommen Blumen und hinterlassen Sie sie und besuchen Sie die Dame, wenn möglich, und machen Sie sich Notizen über sie. Sagen Sie so wenig wie möglich.

„Er sagte mir, ich solle ihr sagen, dass er später am Tag anrufen würde."

„Überlassen Sie das mir", sagte Bobby. „Und jetzt, ab mit dir."

KAPITEL IV
DIE HUNDERT-PFUND-NOTE – *Fortsetzung*

Mudd ging und Bobby machte sich auf den Weg ins Kaffeezimmer.

Er trat ein und sah sich um. In dem großen Raum frühstückten ziemlich viele Leute, die gewöhnliche englische Frühstücksgruppe in einem großen Hotel; Familienfeiern, einsame Männer und einsame Frauen, einige lesen Briefe, einige Papiere und alles irgendwie mit einem Hauch von Trennung von zu Hause.

Dort saß Simon an einem kleinen Tisch rechts und amüsierte sich. Jetzt und bei klarem Verstand versetzte Simon Bobby einen weiteren Schock. Konnte es möglich sein, dass dieser freundlich aussehende, fröhlich aussehende Herr, so gut gekleidet und *à la mode*, Onkel Simon war? Was für eine Verbesserung! So schien es auf den ersten Blick.

Simon schaute von seinen Würstchen auf – er aß Würstchen, sah Bobby – und erkannte ihn mit seiner unfehlbaren Erinnerung an angenehme Dinge, auch wenn sie nur schwach gesehen wurden, als den Mann der letzten Nacht.

„Hallo", sagte Simon, als der andere an den Tisch kam, „da bist du wieder. Hast du gefrühstückt?"

„Nein", sagte Bobby. „Ich werde hier sitzen, wenn ich darf." Er zog einen Stuhl an den zweiten Platz und nahm dort Platz.

„Iss Würstchen", sagte Simon. „Nichts geht über Würstchen."

Bobby bestellte Würstchen, obwohl ihm etwas anderes lieber gewesen wäre. Er wollte nicht streiten.

„Nichts geht über Würstchen", sagte Onkel Simon erneut.

Bobby stimmte zu.

Dann verstummte das Gespräch, so wie es zwischen zwei alten Freunden oder guten Gefährten sein kann, die kein Bedürfnis haben, weiter zu reden.

„Fühlst du dich heute Morgen gut?" wagte Bobby.

„Ich habe mich in meinem Leben noch nie besser gefühlt", antwortete der andere. „Ich habe mich in meinem Leben noch nie besser gefühlt. Wie hast du es geschafft, nach Hause zu kommen?"

„Oh, ich bin gut nach Hause gekommen."

Simon schien diese tröstende Erklärung kaum zu hören; Rühreier waren vor ihm platziert worden.

Als Bobby plötzlich darüber nachdachte, dass er einen Monat lang mit diesem Geschäft beschäftigt war, vergaß er fast seine Würstchen. Der wahre Schrecken von Onkel Simon wurde ihm jetzt zum ersten Mal bewusst. Sehen Sie, er kannte alle Fakten des Falles. Ein gewöhnlicher Mensch, der es nicht wusste, hätte Simon für in Ordnung gehalten, aber Bobby schien es jetzt viel besser gewesen zu sein, wenn sein Begleiter anständig und ehrlich verrückt und weniger unheimlich gewesen wäre. Er war offensichtlich bei Verstand, wenn auch ein wenig distanziert von den Dingen; offensichtlich gesund und mit der Unbekümmertheit eines Schuljungen in den Ferien nach einem langen Semester auf einer billigen Schule Rührei nach Würstchen essen; gesund und amüsiert nach so einer Nacht – und doch war er Simon Pettigrew.

Dann bemerkte er, dass Simons Augen trotz des Rühreis ständig in eine bestimmte Richtung wanderten. Ein hübsches junges Mädchen frühstückte etwas weiter weg mit einer Familienfeier – das war die Richtung.

Da war eine Mutter, ein Vater, etwas, das wie ein Onkel aussah, etwas, das wie eine Tante aussah, und etwas, das wie May aussah, gekleidet in eine gewaschene Seidenbluse und einen schlichten Rock.

Der November blickte auf den Mai.

Bobby erinnerte sich an Miss Rossignol und fühlte sich ein wenig getröstet; dann begann er sich unwohl zu fühlen: Die Tante sah Simon starr an. Seine Bewunderung war offensichtlich von Watchfulness zur Kenntnis genommen worden; dann schien der Onkel es zu bemerken.

Bobby errötete und versuchte, sich zu unterhalten, bekam aber nur Antworten. Dann, zu seiner Erleichterung, zog sich die Familie nach dem Frühstück zurück, und Simon wurde wieder er selbst, fröhlich und brennend für die Freuden des Tages, die vor ihm lagen, die Freuden, die London, Geld und Jugend zu bieten hatten.

Sein Gespräch verriet dies und dass er Bobby in den Plan der Dinge einbeziehen wollte, und der junge Mann konnte nicht umhin, sich an Thackerays kleine Geschichte zu erinnern, wie er, als er nach London kam, im Eisenbahnwaggon einen jungen Mann aus Oxford traf, einen jungen Mann Mann, halb betrunken angesichts der Aussicht auf einen Tag in der Stadt und einer „Tränenrunde" – bei der Aussicht, mehr nicht.

"Was wirst du jetzt machen?" fragte Bobby, als der andere vom Tisch aufstand.

„Rasiert", sagte Simon; „Komm mit und lass dich rasieren; so kann es nicht weitergehen."

Bobby war bereits rasiert, aber er folgte dem anderen nach draußen zu einem Friseur, saß dort, las einen *Daily Mirror* und wartete, während Simon operiert wurde. Letzterer wurde rasiert, seine Haare wurden gebürstet und geschnitten, und während dieser Vorgänge sprach der Friseur die ganze Zeit auf diese Weise, wobei Simon den Monolog in einen Duologe verwandelte.

„Ja, Sir, herrliches Wetter, nicht wahr? Auch London ist für die Jahreszeit ziemlich voll – voller, als ich es seit langem gesehen habe. Haben Sie schon einmal eine Gesichtsmassage probiert, Sir? Sehr wohltuend. Kann angewendet werden von Sie selbst. Kann Ihnen ein komplettes Outfit verkaufen, Parkers Gesichtscreme und alles, zwei Pfund zehn. Vielen Dank, Sir. Übernachten Sie im Charing Cross Hotel? Ich lasse es Ihnen auf Ihr Zimmer schicken. Ja, Sir, das Hotel ist voll. In London wird viel Geld ausgegeben, Sir. Heben Sie Ihr Kinn, Sir, ein bisschen mehr. Haben Sie jemals einen Gillette-Rasierer probiert, Sir? Nützlich, wenn Sie sich schnell rasieren möchten ; schön plattiert. Das ist es, Sir – eine Guinea – glänzt wie Silber, nicht wahr? Vielen Dank, Sir, ich schicke sie mit der anderen hoch. Ja, Sir, es ist am praktischsten, wenn Sie einen Friseur in der Nähe des Hotels haben . Das meiste davon versorge ich Die Hotelleute mit Toilette rekisites , „Die Luft ist oben etwas dünn, Sir; das heißt nicht, dass ich Sie nicht beleidigen soll, Sir, vielleicht liegt es am Licht. Trocken, das ist es; es ist das schlechte Wetter. Nun, ich" Ich empfehle Coolers' Lotion, gefolgt von Goulard's Brillantine . Oh Herr, nein, Herr! *Ihnen* Brillantinen nützen nichts. Goulard's ist das einzig Echte; kostet zwar etwas mehr, dafür gibt es aber billiges Brillantin . Danke mein Herr. Und wie geht es Ihnen mit den Airbrushes, Sir? In dieser Vitrine sind ein paar Schnäppchen – Muster von Reisenden –, die ich Ihnen überlassen kann, versilbert, so gut, wie man es in London bekommt, und für den Preis. Scheinen, nicht wahr? Und spüre die Borsten – echt . Danke mein Herr. Zwei zehn – eins eins – eins vier – zwei zehn – und ein Schilling für den „Air Cut and Shave". Nein, Sir, ich kann eine Unred -Pfund-Note nicht umtauschen. Eine Zehn? Ja, ich schaffe eine Zehn. Danke mein Herr."

Sieben Pfund und Sixpence für einen Haarschnitt und eine Rasur – mit Begleitung. Bobby stand sprachlos und entsetzt auf.

„Luftausfall, Sir?" fragte der Friseur.

„Nein, danke", antwortete Bobby.

Nachdem Simon sich im Spiegel betrachtet hatte, nahm er seinen Strohhut und seinen Spazierstock, nahm den Arm seines Begleiters und ging hinaus.

"Wo gehst du hin?" fragte Bobby.

„Überall", antwortete der andere; „Ich möchte etwas Kleingeld bekommen."

„Na, du hast Kleingeld!"

Simon löste die Verbindung und zog angesichts des Strands und der Passanten zwei Hundert-Pfund-Noten, drei oder vier Ein-Pfund-Noten und eine Zehn-Pfund-Note aus seiner Tasche; Als er in seinen Taschen nach Gold suchte, ließ er einen Hundert-Pfund-Schein fallen, den Bobby schnell wiederfand.

"Geist!" sagte Bobby. „Dir werden diese Notizen weggenommen."

„Das ist in Ordnung", sagte Simon.

Er steckte das Geld wieder in seine Tasche und sein Begleiter atmete wieder auf.

Bobby hatte sich im Hinblick auf die Möglichkeiten fünf Pfund von Tozer geliehen.

„Sehen Sie", sagte er, „was hat es für einen Sinn, an einem so herrlichen Tag wie diesem in London zu bleiben? Gehen wir irgendwohin, wo es ruhig ist, und amüsieren uns – Richmond oder Greenwich oder irgendwo anders. Ich bezahle die Kosten und Sie brauchen sich nicht um Kleingeld zu kümmern."

„Nein, das wirst du nicht", sagte Simon. „Du wirst mit mir ein bisschen Spaß haben. Was ist mit London los?"

Bobby konnte es nicht sagen.

Er verzichtete auf die Idee des Landes und hatte keine andere Idee, sie zu ersetzen, als seinen Begleiter am Laufen zu halten und ihn von Geschäften, Bars und Mädchen fernzuhalten, und ließ sich führen. Sie machten sich auf den Weg zurück nach Charing Cross. Im *Bureau de Change* ging Simon hinein, die Idee, eine Hundert-Pfund-Note zu wechseln, verfolgte ihn. Er wollte Spielraum zum Vergnügen, aber das FBI weigerte sich, etwas zu ändern. Der Zettel war in Ordnung; vielleicht war Simon die zweifelhafte Größe. Er hatte einen ziemlichen Streit darüber und kam Arm in Arm mit seinem Begleiter heraus und errötete.

„Komm mit", sagte Bobby, als ihm eine neue Idee kam. „Wir kriegen irgendwo Wechselgeld."

Von Charing Cross über die Cockspur Street, dann durch die Pall Mall und die St. James's Street hinauf gingen sie und hielten an jedem wahrscheinlichen und unwahrscheinlichen Ort an, um Kleingeld zu finden. Da er so verlobt war, gab Simon zumindest kein Geld aus und nahm auch keine Erfrischungen zu sich. Sie versuchten es in Schifffahrtsämtern, in

Versicherungsbüros, in Waffengeschäften und bei Schneidern, bis der müde Bobby anfing, das Geschäft zu verabscheuen, das Gefühl bekam, dass sowohl er als auch sein Begleiter unter Verdacht standen und dass das Geschäft, in dem sie tätig waren, fast zweifelhaft war.

Simon schien es jedoch mit Eifer und jetzt ohne Zorn zu verfolgen. Bobby hatte den Eindruck, dass es ihm Spaß machte, abgelehnt zu werden, da er dadurch eine weitere Chance hatte, ein anderes Geschäft zu betreten und zu zeigen, dass er einen Hundert-Pfund-Schein wechseln musste – eine schreckliche, dumme Genugtuung, die der Angelegenheit eine neue Schärfe verlieh. Simon protzte.

„Schau her", sagte der Unglückliche schließlich, „gab es nicht ein Mädchen, von dem du mir letzte Nacht erzählt hast, dem du Blumen schicken wolltest? Lass uns gehen und sie holen, dann können wir irgendwo etwas trinken."

„Sie wird warten", sagte Simon. „Außerdem habe ich sie geschickt. Komm schon."

„Sehr gut", sagte Bobby verzweifelt. „Ich glaube, ich kenne einen Ort, an dem Sie Ihre Notiz ändern lassen können. Der ist ganz in der Nähe."

Sie erreichten den Laden eines Zigarrenhändlers . Es waren die Zigarrenhändler und Geldverleiher, die ihm oft zugute gekommen waren. „Warte auf mich", sagte Bobby und ging hinein. Hinter der Theke stand ein Herr, der sich an Prinz Florizel von Böhmen erinnerte.

„Guten Morgen, Mr. Ravenshaw", sagte diese Person.

„Guten Morgen, Alvarez", antwortete Bobby. „Ich habe wegen der kleinen Rechnung, die ich Ihnen schulde, noch nicht angerufen – aber seien Sie ruhig. Ich habe einen neuen Kunden für Sie – er möchte, dass eine Rechnung geändert wird."

„Was für eine Notiz?" fragte Alvarez.

„Ein Hundert-Pfund-Schein; schaffst du das?"

„Wenn die Notiz in Ordnung ist."

„Gott segne mich, ja! Ich kann dafür und für ihn bürgen; nur ist er ein Fremder in London. Er hat auch jede Menge Geld, aber du musst versprechen, ihn nicht zu sehr wegen Zigarren zu belästigen, denn er ist ein Verwandter von mir." "

"Wo ist er?" fragte Alvarez.

"Draußen."

„Nun, bringen Sie ihn herein."

Bobby ging raus. Onkel Simon war weg. So verschwunden, als wäre er nie gewesen, versunken in der vorbeiziehenden Menschenmenge, fasziniert von Himmel weiß was, und mit all diesen Geldscheinen in der Tasche. Er könnte plötzlich in ein Taxi gestiegen oder in einen Omnibus gestiegen sein oder in der Sackville Street oder Albemarle Street verschwunden sein; Jede vorübergehende Einbildung oder plötzliche Versuchung hätte ausgereicht.

Bobby, der zur St. James's Street eilte, um einen Blick darauf zu werfen, hielt einen Polizisten an.

„Haben Sie einen alten Herrn – ich meine einen jünger aussehenden Herrn – mit Strohhut gesehen?" fragte Bobby. „Ich habe ihn verloren." Er wartete kaum auf die unvermeidliche Antwort und eilte weiter. Er hatte das Gefühl, dass der Polizist ihn für verrückt gehalten haben musste.

In der St. James's Street war nichts von Simon zu sehen. Er wollte gerade umkehren, als er, halb blind für alles außer dem Gegenstand seiner Suche, beinahe in die Arme von Julia Delyse lief. Sie trug ein Paket, das wie ein Manuskript aussah.

„Warum, Bobby, was ist los mit dir?" fragte Julia.

„Ich suche jemanden", sagte Bobby abgelenkt. „Ich habe einen Verwandten von mir verloren."

„Ich wünschte, es wäre eines von mir", sagte Julia. „Was für ein Verwandter?"

„Ein älterer Mann mit einem Strohhut. Gehen Sie ein Stück hinunter; schauen Sie auf die andere Straßenseite, und ich werde mir das anschauen; *vielleicht* ist er in ein Geschäft gegangen – und ich *muss* ihn schnappen."

Er ging schnell weiter, und Julia, die für einen Moment in den Strudel eines Onkel Simon hineingezogen wurde, der Mudd, Bobby und den guten Namen der Firma Pettigrew bereits verschlungen hatte, arbeitete neben ihm, bis sie fast das Geländer des Parks erreichten.

„Er ist weg", sagte Bobby und blieb plötzlich stehen. „Es nützt nichts; er ist weg."

„Na ja, du wirst ihn wiederfinden", sagte Julia hoffnungsvoll. „Verwandte kommen immer."

„Oh, er wird sicher auftauchen", sagte der andere, „und das ist es, wovor ich mich fürchte – es ist die Art und Weise, wie er auftaucht, die mich stört."

„Ich könnte dich besser verstehen, wenn ich wüsste, was du meinst", sagte Julia. „Lass uns zurückgehen; das ist außerhalb meiner Richtung."

Sie drehten sich um.

KAPITEL V
DIE HEIMAT DER NACHTIGALLEN

Mudd war mit der Zehn-Pfund-Note und der geschriebenen Adresse an diesem Morgen mit der Absicht aufgebrochen, noch einen weiteren Auftrag zu erledigen. Er nahm zunächst ein Taxi zur King Charles Street. Es war eine Erleichterung, es dort zu finden und dass das Haus in der Nacht nicht niedergebrannt war. Feuer war eine von Mudds quälenden Ängsten – Feuer und die Angst vor einer Geliebten. In jedem Gang ließ er neben roten, kegelförmigen Feuerlöschern auch Löschbomben aufhängen. Wenn er Bomben hätte haben können, um die Flammen der Liebe zu löschen und Frauen fernzuhalten, hätte er sie zweifellos gehabt.

Mrs. Jukes empfing ihn und er fragte, ob der Teller verschlossen sei. Dann besuchte er sein eigenes Zimmer und untersuchte sein Sparbuch, um zu sehen, ob es sicher und unbeschädigt sei; dann trank er ein Glas Ingwerwein, um seinen Magen zu schonen.

„Wohin gehst du jetzt?" fragte Frau Jukes.

„Auf Geschäftsreise für den Meister", antwortete Mudd. „Ich muss ein paar Gesetzesunterlagen an eine Adresse bringen. Herr, sieh dir diese Messingbeschläge an! Gestern Abend die Kette an die Flurtür gehängt?"

"Sicher."

„Nun, tun Sie es auf jeden Fall, denn ich habe gehört, dass da noch ein Jack-the-Ripper-Typ im West End unterwegs ist, und wenn Sie es nicht tun, könnte er Ihnen auf den Fersen sein."

Nachdem er Mrs. Jukes so eingeschüchtert hatte, dass sie sowohl Ketten als auch Riegel brauchte, setzte Mudd seinen Hut auf, putzte sich die Nase und ging, schlug die Tür hinter sich zu und vergewisserte sich, dass sie geschlossen war.

In der Straße am Ende der King Charles Street gibt es einen Blumenladen. Er trat ein, kaufte seinen Blumenstrauß und verließ mit ihm in der Hand das Lokal. Er war auf der Suche nach einem Taxi, in dem er sich verstecken konnte; Er fand keine, traf aber einen Butlerkollegen, den Mann von Richter Ponsonby.

„Hallo, Mr. Mudd", sagte der andere; „Gehst du zum Werben?"

„Mrs. Jukes hat mich gebeten, sie zu einer Freundin zu bringen, die heiraten wird", sagte Mudd.

"Kaum."

„Weißt du", sagte sie, „das ist fast wie Schicksal. Es gibt uns die Chance, uns ganz ordentlich unter einem Dach zu treffen, da dein Onkel dort ist – nicht, dass ich mich einen Knopf um die Welt schere, aber es gibt sie trotzdem." die Anstandsregeln, nicht wahr?"

"Es gibt."

„Warte auf mich", sagte sie. „Ich möchte mit diesem Manuskript an meinen Verleger gehen."

Sie hatten ein schickes Verlagsbüro erreicht, das wie ein Bankgebäude aussah. Sie ging hinein und kam einen Moment später mit leeren Händen zurück.

„Jetzt bin ich frei", sagte sie; „Einen Monat lang kostenlos. Was machst du heute?"

„Ich werde nach Onkel Simon suchen", antwortete er. „Ich muss zurück zum Charing Cross Hotel eilen und danach – ich muss weiter jagen. Wir sehen uns morgen, Julia."

„Übernachten Sie im Charing Cross?"

„Nein, ich wohne im B12, dem Albany, bei einem Mann namens Tozer."

„Ich wünschte, wir hätten den Tag zusammen verbringen können. Na ja, dann morgen."

„Morgen", sagte Bobby.

Er setzte sie in ein Taxi, und sie gab ihr die Adresse eines weiblichen Literaturclubs. Als das Taxi dann weggefahren war, kehrte er zum Charing Cross Hotel zurück.

Dort fand er Mudd, der gerade zurückgekehrt war.

„Ich denke nach", sagte Julia.

Dann, nach einer Pause:

„Sie müssen ihn aus London wegbringen."

„Das war meine Idee, aber er wird nicht gehen, nicht einmal für ein paar Stunden nach Richmond. Er wird London nicht verlassen."

„Ich kenne einen Ort in Wessex", sagte Julia, „wo es ein bezauberndes kleines Hotel gibt. Ich war im Mai eine Woche dort unten. Du könntest ihn dorthin bringen."

„Wir würden ihn nie in den Zug kriegen."

„Nimm ihn mit in ein Auto."

„Könnte das tun", sagte Bobby. „Wie heißt es?"

„Upton-on-Hill; und ich sage dir was, ich gehe mit dir hinunter, wenn du willst, und helfe, ihn zu beobachten. Ich würde ihn gerne studieren."

„Ich werde darüber nachdenken", sagte Bobby hastig. Die Angelegenheit von Onkel Simon nahm eine neue Wendung; Wie das Schicksal versuchte es, ihn zu einem engeren Kontakt mit Julia zu zwingen. Da er sich nach jemandem sehnte, der ihm beim Nachdenken half, hatte er sich mit diesem Familiengeheimnis an Julia gefesselt. Der Gedanke an ein kleines Hotel auf dem Land mit Julia, immer bereit für Umarmungen und leidenschaftliche Szenen, das Wissen, dass er fast halb mit ihr verlobt war, der Instinkt, dass sie ihn in gemütliche Ecken und Lauben ziehen würde – all das machte ihm ehrlich gesagt Angst . Er begann zu erkennen , dass Julia auf der Straße ziemlich leicht und fast brillant war, wenn Liebesspiel unmöglich war, aber unglaublich schwer und langweilig, wenn auch hypnotisierend, wenn sie mit ihm allein war und ihren Kopf auf seiner Schulter hatte. Und irgendwo in der Ferne seines Geistes sagte ihm ein deformierter gesunder Menschenverstand, dass Julia ihn heiraten würde, wenn er ihn einmal lange in den Griff bekommen würde; Er wanderte von einem Whirlpool zum anderen aus einer gemütlichen Ecke und einer Laube über den Stromschnellen der Ehe, während Julia sich an ihn klammerte.

„Ich werde darüber nachdenken", sagte er. "Wie heißt es?"

„Das Rose Hotel, Upton-on-Hill – denken Sie an Upton Sinclair. Es ist ein lustiger kleiner Ort und so ein netter Vermieter; wir würden eine lustige Zeit haben, Bobby. Bobby, hast du gestern vergessen?"

„Nein", sagte Bobby aus tiefstem Herzen.

„Ich habe letzte Nacht kein Auge zugetan", sagte die Dame mit den roten Haaren. "Hast du?"

Trotz seiner Verwirrung und Verärgerung konnte Bobby für einen Moment ein Gefühl der Erleichterung darüber nicht unterdrücken, dass er mit dem Geschäft fertig war; Trotzdem war er wirklich verzweifelt. Das Verlangen nach Rat und Gedankengemeinschaft erfasste ihn.

„Julia, kannst du ein Geheimnis für dich behalten?" fragte er.

„Eng", sagte Julia.

„Nun, es ist mein Onkel."

"Du hast verloren?"

„Ja; und er hat seine Taschen voller Hundert-Pfund-Banknoten – und man kann ihm diese genauso wenig anvertrauen wie einem Kind."

„Was für ein entzückender Onkel!"

„Lachen Sie nicht, es ist ernst."

„Er ist nicht böse, oder?"

„Nein, das ist das Schlimmste. Er hat eine dieser schrecklichen neuen Krankheiten – ich weiß nicht, was es ist, aber soweit ich das beurteilen kann, ist es, als wäre er wieder jung geworden, ohne sich daran zu erinnern, was er ist." "

"Wie interessant!"

„Ja, Sie würden ihn sehr interessant finden, wenn Sie etwas mit ihm zu tun hätten; aber im Ernst, es muss etwas getan werden. Da ist der Familienname und da ist sein Geschäft." Er erklärte den Fall Simon so gut er konnte.

Julia schien nicht im Geringsten schockiert zu sein.

„Aber ich finde es wunderschön", brach es aus ihr hervor. „Seltsam – aber auf eine schöne und erbärmliche Weise. Oh, wenn *nur* noch ein paar Menschen das Gleiche tun könnten – jung werden, dumme Dinge tun, anstatt diesen ewigen Trubel von gesundem Menschenverstand, hartem Geschäft und allem, was die Welt ruiniert!"

Bobby versuchte, sich eine Welt mit einer wachsenden Bevölkerung der Marke Onkel Simon vorzustellen, und scheiterte.

„Ich weiß", sagte er, „aber es wird sein Geschäft und seinen Ruf ruinieren. Abstrakt betrachtet bestreite ich nicht, dass es etwas dafür gibt, aber im Konkreten funktioniert es nicht. Denken Sie nach, und Lasst uns versuchen, einen Ausweg zu finden.

Der Strauß war nicht außergewöhnlich groß, aber er schien größer zu werden.

Verdammt, einen Omnibus anstelle eines Taxis zu nehmen, schien es den Omnibus zu füllen; Die Leute schauten es an und dann Mudd. Es kam ihm so vor, als wäre er dazu verdammt, Simons Torheit vor aller Welt offenzulegen. Dann erinnerte er sich daran, was er über die Heirat des Empfängers gesagt hatte. War das ein Omen?

Mudd glaubte an Omen. Wenn sein Ellbogen juckte – und gestern hatte es gejuckt –, würde er in einem fremden Bett schlafen; Er tötete nie Spinnen und testete „Fremde" in der Teetasse, um zu sehen, ob sie männlich oder weiblich waren.

Das Omen trieb ihn jetzt, und er stieg aus dem Omnibus und suchte die Straße seines Ziels auf, wobei er sich fast so fühlte, als wäre er eine fantastische Brautjungfer auf einer Albtraumhochzeit mit Simon in der Rolle des Bräutigams.

Dass Simon sich in dieser düsteren Straße am Leicester Square und in diesem tristen Haus, an dessen Tür er klopfte, eine Frau aussuchen sollte, kam Mudd nicht in den Sinn. Was ihm tatsächlich in den Sinn kam, war, dass irgendein Mädchen, das in diesem Haus wohnte, Simon in ihren Bann gezogen hatte und ihn vielleicht zum Ehemann auswählte, ihn auf einem Standesamt heiratete, bevor seine vorläufige Jugend vergangen war, und in die Charles Street kam und regierte.

Mudds gefürchtete imaginäre Geliebte hatte sich vor seinem geistigen Auge immer als eine beleibte Dame vorgestellt – vor allem als Dame –, die seine Vorstellungen davon, wie die Messingbeschläge poliert werden sollten, störte, sich in Handwerker einmischte, Mudd herumkommandierte und sich allgemein als Ärgernis erwies; Dieser neue imaginäre Horror war eine „bemalte Schlampe", die Simon und alles, was zu ihm gehörte, lächerlich machen und Schande bringen würde.

Mudd hatte in solchen Angelegenheiten das feine Gespür einer alten Jungfer, gestützt auf ein gutes Wissen darüber, wozu ältere Männer im Umgang mit Frauen fähig sind.

Hat Herr Richter Thurlow nicht seine Köchin geheiratet?

Er klingelte an der schmuddeligen Flurtür und sie wurde von einem schmuddeligen kleinen Mädchen in einem bedruckten Kleid geöffnet.

„Wohnt Miss Rosinol hier?" fragte Mudd.

„ Yus ."

"Kann ich sie sehen?"

„Warte einen Moment ", sagte der Schmuddelige. Sie klapperte die Treppe hinauf; Dem Lärm nach zu schließen schien sie genagelte Stiefel zu tragen. Eine Minute verging, und dann klapperte sie wieder herunter.

„Komm rein, plaaze ", sagte das kleine Mädchen.

Mudd gehorchte und folgte ihm nach oben, wobei er sich mit der linken Hand am wackeligen Geländer festhielt und den Blumenstrauß in der rechten Hand trug. Dabei kam er sich vor, als wäre er ein bösartiger Mann, der im Traum die Treppe hinaufginge. Ich fühle mich nicht mehr wie Mudd.

Das kleine Mädchen öffnete eine Tür und da war das „gemalte Flittchen" – die alte Madame Rossignol, die mit aufgeschlagenen Büchern vor sich an einem Tisch saß und schrieb.

Sie übersetzte – wie bereits erwähnt – englische Bücher ins Französische, hauptsächlich Romane.

Der Blumenstrauß der letzten Nacht war zerbrochen; es gab Blumen in Vasen und überall im Raum; Trotz seiner Schäbigkeit herrschte eine Atmosphäre der Sauberkeit und des hohen Anstands, die die betroffene Seele von Mudd beruhigte.

„Ich bin Mr. Pettigrews Mann", sagte Mudd, „und er hat mich gebeten, Ihnen diese Blumen zu bringen."

„Ah, Monsieur Seemon „Pattigrew ", rief die alte Dame mit strahlendem Gesicht. „Kommen Sie herein, Monsieur. Cerise! – Cerise! – ein Gentilmon von Mr. Pattigrew . Nehmen Sie bitte Platz, Monsieur?"

Mudd überreichte die Blumen und setzte sich, und in diesem Moment kam Cerise aus dem angrenzenden Schlafzimmer herein. Kirschrot, frisch und zierlich, mit großen blauen Augen, die Mudd und die Blumen betrachteten, die gleichzeitig den ganzen Frühling und Sommer zu erfassen schienen.

„Schlecht, aber anständig", sagte Mudd zu sich selbst.

„Monsieur", sagte die alte Dame, als Cerise loslief, um eine Schüssel für die Blumen zu holen, „Sie sind uns genauso willkommen wie Ihr guter, freundlicher Herr, der gestern meine Tochter gerettet hat. Können Sie ihm unseren tiefsten Respekt übermitteln?" unser Dank?"

„Sie gerettet?" sagte Mudd.

Madame erklärte. Cerise, die die Blumen arrangierte, stimmte mit ein; Sie waren begeistert. Noch nie war Mudd so geplaudert worden . Er sah die ganze Angelegenheit und erriet, wie das Land jetzt lag. Er fühlte sich zutiefst erleichtert. Madame flößte ihm instinktives Selbstvertrauen ein; Cerise lehnte in ihrer Jugend und Unschuld jeden Gedanken an eine Ehe zwischen ihr und Simon ab. Aber sie mussten irgendwie gewarnt werden, dass Simon am falschen Ort war. Er begann die Warnung, während er vor den Frauen saß und sich sanft die Knie rieb, während sein Blick umherschweifte, als suchte er nach Inspiration bei den Möbeln.

Herr Pettigrew war ein sehr guter Meister, aber man musste sich um ihn kümmern; sein Gesundheitszustand war nicht so, wie er sein könnte. Er war älter, als er aussah, aber in letzter Zeit hatte er eine Krankheit gehabt, die ihn sozusagen plötzlich wieder jung werden ließ ; Die Ärzte konnten es nicht erkennen, aber er war manchmal wie ein Kind, sozusagen.

„Ich habe es gesagt", unterbrach Madame. „Ein Junge – das ist sein Charme."

Nun, Mudd hatte keine Ahnung von Zaubersprüchen, aber er war oft sehr besorgt um Mr. Pettigrew. Dann, nach und nach, öffnete das Selbstvertrauen, das die Frauen weckten, seine Schleusen und seine unterdrückten Gefühle kamen zum Vorschein.

London war nicht gut für Mr. Pettigrews Gesundheit – das war die Wahrheit; Er sollte ruhig und ohne Aufregung davonkommen – Türklopfer erhob sich vor ihm, als er das sagte –, aber er war sehr eigensinnig. Es war seltsam, dass ein Gentleman auf diese Weise wieder jung wurde, und für einen alten Mann wie ihn war Mudd eine große Verwirrung und Sorge.

„Ah, Monsieur, er war schon immer jung", sagte Madame; „Dieses Herz könnte niemals alt werden."

Mudd schüttelte den Kopf.

„Ich kenne ihn seit vierzig Jahren ", sagte er, „und es hat mich grausam getroffen, dass er Dinge tut, die er noch nie zuvor getan hat – nicht viel; aber da haben Sie es – er ist anders."

„Ich habe einen alten Herrn gekannt", sagte Madame – „Monsieur de Mirabole – auch er wurde ganz fröhlich und jung, als wäre der Frühling in ihn gekommen. Er schrieb mir Verse", lachte Madame. „Ich, eine alte Frau! Ich habe ihn belustigt , nicht wahr, Cerise? Aber ich habe seine Verse nie gelesen; ich konnte ihn bis zu diesem Punkt nicht belustigen ."

"Was ist mit ihm passiert?" fragte Mudd düster.

„Oh je, er hat sich in Cerise verliebt", sagte Madame. „Er war sehr reich; er wollte Cerise heiraten, nicht wahr, Cerise?"

„ Oui , Maman ", antwortete Cerise und beendete die Blumen.

Das alles traf Mudd angenehm. Aufrichtig wie der Sonnenschein, offenkundig, offensichtlich und ehrlich – dieses Weibchenpaar war über jeden Verdacht erhaben, weil es ihm vorgeworfen wurde, für Simon Netze zu legen. Außerdem lernte er zum ersten Mal in seinem Leben den Trost eines weiblichen Geistes kennen, wenn er in Schwierigkeiten war. Bisher hatte er sich hauptsächlich mit ungereinigten Messingbeschlägen, verkorktem Wein und vergessenen Briefen beschäftigt. In diesem Strudel des Staunens, wie Poes Mann im Abstieg des Mahlstroms, der sich an ein Fass klammerte und feststellte, dass er langsamer nach unten gesaugt wurde, klammerte sich Mudd nun an die Frau und rettete – etwas – Sinn, Klarheit der Sichtweise, Güte , nennen Sie es wie Sie wollen – gefundenen Trost.

Er hatte seinen Geist geöffnet , der Albtraum hatte sich etwas gelegt. Sich Bobby gegenüber zu öffnen, hatte ihn nicht im Geringsten erleichtert; Im Gegenteil, im Gespräch mit Bobby kam ihm die Situation verrückter vor als je zuvor. Die beiden starren männlichen Geister waren einander gefolgt und unfähig, sich gegenseitig zu helfen; das lebhafte Weibchen

Etwas, das sich nicht streng definieren ließ, war nun für Mudd als tragendes Fass vorgesehen. Er klammerte sich an die Idee des alten Monsieur de Mirabole , der wieder jung geworden war, ohne viel Unheil anzurichten; Er hatte das Gefühl, dass Simon, als er auf diese beiden Frauen fiel, in die Kissen gefallen war. Er erzählte ihnen von Simons Botschaft, dass er sie später am Tag besuchen würde, und sie lachten.

„Er wird bei uns in Sicherheit sein", sagte Madame; „Wir werden ihn nicht zu unseren Waffen kommen lassen. Seien Sie nicht beunruhigt, Monsieur Mudd, der Bon Dieu wird sicherlich einen Unschuldigen beschützen, der so charmant, so gut – so viel Güte mag allein wandeln, selbst unter Tigern, sogar unter Löwen; das wird er Komm zu keinem Arm. Wir werden dafür sorgen, dass er zum Sharing Cross Hotel zurückkehrt – ich werde mit ihm reden .

Mudd ging erleichtert, so groß ist die Macht des Guten, auch wenn sie in den Gestalten einer verarmten alten Französin und eines Mädchens, deren einzige Stärke ihre Unschuld ist, zum Ausdruck kommt.

Aber seine Erleichterung sollte nicht von langer Dauer sein, denn als er das Hotel betrat, traf er, wie bereits erwähnt, Bobby. „Er ist weg", sagte Bobby;

„Habe mir den Zettel gegeben; und er hat zweihundert-Pfund-Banknoten bei sich, ganz zu schweigen vom Rest."

"Oh Gott!" sagte Mudd.

„Kann er das Mädchen besucht haben? Wie lautet ihre Adresse?"

"Welches Mädchen?" fragte Mudd.

„Das Mädchen, dem du die Blumen gebracht hast."

„Ich war gerade dort", sagte Mudd. „Nein, er war nicht da. Ich wünschte, er wäre da; es ist eine alte Dame."

"Alte Frau!"

„Und ihre Tochter. Sie sind Franzosen, arm, aber ehrlich, kein Funken Böses an ihnen." Er erklärte die Rossignol-Affäre.

„Nun, es bleibt uns nichts anderes übrig, als uns hinzusetzen und zu warten", sagte Bobby.

„Das kann man leicht sagen. Ich, da meine Nerven fast am Ende sind."

„Ich weiß, meine sind fast genauso schlimm. Meine Güte, es ist, als hätte man ein Kind verloren. Mudd, wir müssen ihn aus London rausholen; wir müssen es tun."

„Holen Sie ihn zuerst zurück", sagte Mudd. „Holen Sie ihn lebend zurück, mit all dem Geld in der Tasche. Er wird noch vor Einbruch der Dunkelheit ermordet, das ist meine Meinung, ich kenne London, oder er wird ins Gefängnis geworfen – und er wird seinen richtigen Namen nennen."

„Wir geben den Reportern ein Trinkgeld, wenn er es ist", sagte Bobby, „und halten es aus der Zeitung heraus. Ich wurde einmal angefahren und kenne mich aus. Kopf hoch, Mudd, und geh einen Whisky und Limonade trinken." ; du willst aufstehen, und ich auch."

„Aufstehen!" sagte Mudd.

KAPITEL VI
DER FLUG DER DRACHENFLIEGE

Einer der angenehmsten, aber vielleicht gefährlichsten Punkte an Simon Pettigrews Zustand war seine unenglische Offenherzigkeit gegenüber Fremden – Fremden, die ihm gefielen. Tatsächlich hatte er die Neigung, sich mit allem anzufreunden, was ihn ansprach, ohne zu hinterfragen, ohne darüber nachzudenken. Umgängliche Fremde, hübsche Mädchen – Simon war das egal.

Als Bobby Ravenshaw nun den Zigarrenhändler betrat und Simon draußen ließ, hatte er nicht besonders bemerkt, dass ein großes Dragon-Fly-Auto, bordeauxrot und mit einem winzigen Monogramm auf der Türverkleidung geschmückt, vor dem Laden stand gleich rechts. Es war Eigentum des Hon. Dick Pugeot , und gerade als Bobby im Tabakladen verschwand, war der Hon. Dick erschien von der Türschwelle des Ladens nebenan.

Dick Pugeot , verstorben bei den Guards, war ein großer, gelber Mann, recht jung, vielleicht nicht älter als fünfundzwanzig, aber mit einem ernsten und väterlichen Gesicht und einer Ausstrahlung, die ihm scheinbar weitere fünf Jahre Alter verlieh. Dieser ernste und väterliche Auftritt täuschte. Mit der Aktivität einer Mücke, der Missachtung aller Konsequenzen, einem großen Vermögen, einem guten Herzen und einer Vorliebe für Spaß jeglicher Art, solange er ihn in Bewegung hielt, steckte Dick Pugeot im Allgemeinen in der einen oder anderen Form. Sein Drang nach Geschwindigkeit auf der Straße war seinem Instinkt für Schnelligkeit nur in anderer Hinsicht ebenbürtig, aber bis dahin hatte er es, dank Glück und seiner eigenen Persönlichkeit, abgesehen von ein paar beglaubigten Führerscheinen und anderen Kleinigkeiten dieser Art , immer entkommen.

Aber einmal war er einer echten Katastrophe sehr nahe gekommen. Vor etwa achtzehn Monaten hatte er eine Beziehung zu einer Dame, einem weiblichen Hai in der Gestalt eines Engels, einem – um es in seiner eigenen Sprache auszudrücken – „bösen Unmensch".

Der Bösewicht hatte ihn fest im Griff. Sie war auch eine Gräfin! und gebraten und gegessen wäre er zweifellos gewesen, wenn ihn nicht die Weisheit eines Onkels gerettet hätte.

„Gehen Sie zu meinem Anwalt, Pettigrew", sagte der Onkel. „Wenn sie eine gewöhnliche Falschspielerin wäre, würde ich Ihnen raten, zu Marcus Abraham zu gehen, aber wenn man bedenkt, was sie ist, ist Pettigrew der richtige Mann. Einen gewöhnlichen Fall dieser Art würde er nicht übernehmen, aber wenn man sieht, was sie ist." Und wenn man bedenkt, dass du mein Neffe bist, wird er es tun – und er kennt alle Einzelheiten ihrer Familie. Es gibt nichts, was er nicht über uns weiß."

„Wir" bedeutet Menschen mit hohem Grad.

Pugeot ging, und Simon übernahm den Fall, und achtundvierzig Stunden später war der Fisch vom Haken, wahnsinnig dankbar. Er schenkte Simon einen silbernen Weinkühler und vergaß ihn dann bis zu diesem Moment, als er, als er aus Spuds und Simpsons Laden kam, Simon auf dem Bürgersteig stehen sah, eine Zigarre rauchend und dem Festumzug auf der Straße zusah.

Simons neue Kleidung, sein Urlaubsstil und sein Strohhut schreckten ihn für einen Moment ab, aber Pettigrew hatte recht.

„Hallo, Pettigrew!" sagte Pugeot.

„Hallo", sagte Simon, erfreut über die Herzlichkeit und das Aussehen dieses neuen Freundes.

„Na, du siehst ziemlich schwul aus", sagte Pugeot. „Was hast du vor?"

„Aus Spaß", sagte Simon. „Was hast du vor?"

„Dasselbe wie du", antwortete Pugeot, erfreut, amüsiert und überrascht über Simons Verhalten und Antwort, der große Respekt, den er für seine Scharfsinnigkeit hatte, wurde durch diesen Beweis weltlicher Neigungen noch verstärkt. „Steig ins Auto. Ich muss kurz in der Panton Street vorbeischauen, und dann gehen wir zum Mittagessen oder so etwas."

Er öffnete die Autotür und Simon sprang hinein; dann gab er dem Fahrer die Adresse und das Auto fuhr los.

„Nun, ich hätte nie erwartet, dich heute Morgen zu sehen", sagte Pugeot. „Ich kann dir auch nie dankbar genug sein – du hast nichts Besonderes zu tun, oder? Wohin kann ich dich fahren?"

„Ich muss ein Mädchen sehen", sagte Simon, „aber sie kann warten."

Pugeot lachte.

Das erklärte die Sommerkleidung und den Strohhut, aber die Offenheit überkam ihn mit einem leichten Schock. Allerdings war er an Erschütterungen gewöhnt, und wenn der alte Simon Pettigrew Mädchen hinterherlief, war das nicht seine Sache. Es war jedoch ein guter Witz, auch wenn er ihn nie erzählen konnte. Pugeot war nicht der Mann, der außerhalb der Schule Geschichten erzählte.

„Sehen Sie", sagte Simon und holte plötzlich seine Notizen hervor, „ich möchte hundert wechseln; ich habe versucht, das in vielen Geschäften zu machen. Ohne etwas Geld kann man keinen Spaß haben."

„Mach dir keine Sorgen", sagte Pugeot. „Das ist meine Show."

„Ich möchte hundert ändern", sagte Simon mit der Beharrlichkeit von Toddy, der sehen wollte, wie sich alles dreht.

„Na ja, ich gebe dir Wechselgeld, obwohl du es nicht wirklich willst. Na ja, du hast da zweihundert – und einen Zehner!"

„Es ist nicht zu viel, um eine gute Zeit zu haben."

"Oh mein!" sagte Pugeot. „Nun, wenn du auf der Hut bist, bin ich bei dir, Pettigrew. In gewisser Weise fühle ich mich bei dir sicher; es gibt nicht viel, was du nicht weißt."

„Nicht viel", sagte Simon und schnaufte.

Das Auto blieb stehen.

„Eine Minute", sagte Pugeot. Er sprang hinaus, erledigte sein Geschäft und war in weniger als fünf Minuten wieder zurück. In seinen nüchternen Augen leuchtete ein neues Licht.

„Lass uns gehen und der Wildnis eine Ohrfeige geben", sagte er und senkte seine Stimme einen Ton. „Du kennst die Wildnis. Ich kann dich reinbringen – ein Riesenspaß."

„Richtig", sagte Simon.

Pugeot gab dem Fahrer eine Adresse und los ging es. Sie hielten in einer engen Straße an und Pugeot ging voran in ein Haus.

Im Flur dieses Hauses hatte er ein Interview mit einer blassgesichtigen Person in Schwarz, einer bösen, müde aussehenden Person, die Simon ein Gästebuch zum Unterschreiben reichte. Dann gingen sie in eine Bar, wo Simon einen Cocktail trank, und von der Bar gingen sie nach oben.

Pugeot öffnete eine Tür und enthüllte Monte Carlo.

Ein Monte Carlo ist auf einen Raum und einen Tisch geschrumpft. Dies war der Wilderness Club, und um den Tisch gruppierten sich Männer jeden Alters und jeder Größe, einige von ihnen hatten den höchsten gesellschaftlichen Rang.

Es stand viel auf dem Spiel.

So wie ein Kind einen gestohlenen Apfel verschlingt, so schienen diese Herren zu versuchen, so viel wie möglich aus ihrem heimlichen Geschäft herauszuholen und so schnell wie möglich davonzukommen, ob sie nun Gewinner oder Verlierer sind, damit ihnen nicht noch Schlimmeres widerfährt. Zur Unruhe des Spielers kam die Unruhe des Gesetzesbrechers hinzu. Die beiden Unruhen bildeten zusammen einen mentalen Cocktail, der für eine große Zahl der Stammkunden einen Reiz hatte, der weit über alles hinausging, was man in einem seriösen Glücksspielladen bekommen konnte auf dem Kontinent.

Dieser Ort versorgte Oppenshaw mit einigen seiner männlichen Patienten.

Pugeot spielte und verlor, und dann stürzte Simon.

Sie waren eine Stunde dort und in dieser Stunde gewann Simon siebenhundert Pfund!

Dann zerrte Pugeot ihn , weitaus erfreuter als er, weg.

Es war jetzt fast ein Uhr, und unten aßen sie eine Art Mittagessen und eine Art Flasche Cliquot .

„Du bist mit zweihundert reingekommen und gehst mit neun raus", sagte Pugeot . „Ich bin so froh – du *hast* das Glück. Wenn wir fertig sind, machen wir eine tolle Spritztour und schnappen uns die Luft. Du solltest dir besser irgendwo eine Mütze besorgen; der Strohhut wird nach Jericho geweht. Du „Habe ich Randall noch nie fahren sehen? Er schlägt mich. Wir rennen zu meinen Zimmern und holen Mäntel – das alte Auto ist ein Dragon-Fly. Ich möchte dir zeigen, was ein Dragon-Fly auf der harten Straße wirklich kann. Straße außerhalb der Sichtweite des Verkehrs. Zwei Benediktiner, bitte.

Sie hielten bei Scott's an, wo Simon in eine Mütze investierte; dann gingen sie in Pugeots Zimmer, wo Mäntel besorgt wurden. Dann fingen sie an.

Pugeot wurde das Baby genannt – Baby Pugeot – und dieser Name wurde manchmal verwendet. Gepaart mit seiner Leidenschaft für das Leben liebte er die frische Luft und viele unschuldige Dinge, darunter auch die Geschwindigkeit. Randall, der Chauffeur, schien in dieser Hinsicht auf allen vieren mit ihm einverstanden zu sein, und die Libelle war ein fähiges Instrument. Nachdem sie London verlassen hatten, machten sie sich über Sussex auf den Weg zum Meer. Der Tag war perfekt und kilometerweit vom Summen der Libelle erfüllt. Manchmal legten sie gut siebzig Meilen zurück, manchmal weniger; Dann kamen die Downs und eine Vision vom Meer – Küstenstädte, durch die sie fuhren, um Benzin und flüssige Erfrischungen zu holen. In Hastings oder anderswo, wo sie sich ein leichtes und frühes Abendessen gönnten, erschien die Vision von Cerise, immer wie ein Schutzengel, vor den Überresten des Geistes von Simon und ihrer Adresse. Er wollte sofort dorthin, was offensichtlich unmöglich war. Er versuchte, sie Pugeot zu erklären , der gleichzeitig versuchte, es einem dunkeläugigen Mädchen zu erklären, das er vorletzte Woche auf einem Tanz getroffen hatte und das ihn verfolgte. „Ich kann ihre gesegneten Augen nicht aus dem Kopf bekommen, mein Lieber; und sie ist zweifach mit einem Kerl bei den

Carabineers verlobt, ohne einen Cent auf seinem Namen und mit einem Haufen Schulden, so groß wie der Berg Ararat. Das wird sie nicht." Sei glücklich – das ist es, was mich erregt ; sie wird nicht glücklich sein. Wie kann sie mit so einem Kerl glücklich sein, ohne einen Cent auf seinem Namen und einen Haufen Schulden? Herr, *ich* kann Frauen nicht verstehen, sie" Das ist mir ein Rätsel. Kellner, der Betrüger *hat* Sie gefunden! Nennen Sie das Zeug Spargel? Nehmen Sie es weg! Kein Cent für ihren Namen – und vielleicht jahrelang an ihn gebunden. Ich meine, es ist absurd ... Was waren Sagst du? Oh ja, ich bringe dich dorthin – es ist sozusagen nur um die Ecke. Randall wird es tun. Die Dragon- Fly wird uns in kürzester Zeit dort haben. Erinnerst du dich, war das Hastings oder Bognor ? „Kellner, hallo! Ist das Hastings oder Bognor ? Alle Ihre Städte sind sich so verdammt ähnlich, dass man nicht sagen kann, welche welche ist, und ich habe zwanzig durchgemacht. Hastings, das reicht; tragen Sie Ihre Informationen in die Rechnung ein – wenn ja Ich kann Platz dafür finden. Du brauchst dir keine Sorgen zu machen, alter Junge, sie wird schon da sein. Du sagtest, du hättest ihr diese Blumen geschickt? Nun, das wird dafür sorgen, dass es ihr gut geht und sie glücklich bleibt. Ich will sagen, sie wird Recht haben – *absolut* – ich kenne Frauen vom Huf bis zur Mähne. Nein, kein Pudding. Die Rechnung, bitte."

Dann waren sie draußen in der warmen Sommerdämmerung und hörten einer Band zu. Dann stiegen sie ins Auto und Pugeot sagte zu Simon:

„Es ist wirklich gut, dass wir einen Teetotum-Fahrer haben. Was sagst *du* , alter Junge?"

Dann erfasste sie die warme und schnurrende Nacht und besprenkelte sie mit Sternen, und hinter ihnen ging ein großer Mond auf, was Pugeot ärgerte , der immer wieder zu ihm zurückblickte und ihn beschimpfte, weil ihm das Spiegelbild der Windschutzscheibe in die Augen geriet. Dann platzte ein Reifen , und Pugeot , der augenblicklich äußerst klug, aktiv und sprachlos wurde, bestand darauf, selbst das Reserverad anzubringen. Er hatte eine lange Auseinandersetzung mit Randall darüber, was vorne und was hinten am Rad sei – nicht die seitliche Vorder- und Rückseite, sondern die vordere und hintere Seite, wobei Randall sanft darauf beharrte, dass es keine Rolle spiele. Dann wurde das Rad montiert und alle Muttern von Randall erneut getestet – eine Operation, die Pugeot als eine Art persönliche Beleidigung auffasste; Der Wagenheber wurde heruntergenommen und Pugeot warf ihn in einen Graben. Sie würden es nicht noch einmal wollen, da sie kein Ersatzrad mehr hatten, und es war sowieso ein Ärgernis, aber Randall, mit der guten Laune und Geduld, die ihm ein Gehalt verschaffte, das dem Gehalt eines Landpfarrers entsprach, freie Quartiere und viel Geld Trinkgelder und Nebenleistungen, holte den Wagenheber zurück und es ging los.

Eine Stadt und ein Gasthaus, die sich absolut weigerten, den lächelnden Autofahrern etwas Stärkeres als „Mineralien" zu servieren, wurden verabschiedet. Dann, zehn Meilen weiter, brachten die Lichter eines Stadtrumpfes unten am Horizont das trockene „Innere" zu einer eingehenden Betrachtung der Lage.

Als die Stadt ein Gasthaus gründete, wurde Randall wie die Taube aus der Arche mit einem Halbsouverän geschickt und kehrte mit einer steinernen Korbflasche und zwei Gläsern zurück. Es war Bier.

Kapitel VII
Neunhundert Pfund

Bobby Ravenshaw verbrachte den Tag nicht im Charing Cross Hotel und wartete auf Simon; Er vergnügte sich anders und überließ Mudd das Warten.

Um elf Uhr rief er im Hotel an. Mr. Mudd war oben in Mr. Pettigrews Zimmer und würde heruntergerufen werden.

Bobby glaubte, dass er im Ton und Verhalten des Portiers vieles erkennen konnte: Respekt und Mitgefühl für Mr. Mudd und vielleicht nicht ganz so großen Respekt für sich selbst und Simon. Er bildete sich ein, dass das Hotel allmählich ein Auge auf ihn und Simon als fragwürdige Partys des *Bonvivant*-Typs geworfen hatte – eine Vorstellung, die zwar unbegründet gewesen sein mochte, aber immer noch da war.

Dann erschien Mudd.

„Nun, Mudd", sagte Bobby, „ist er noch nicht aufgetaucht?"

„Nein, Herr Robert."

„Wo um alles in der Welt kann er sein?"

„Ich gebe ihm bis halb elf Zeit", sagte Mudd, „und dann gehe ich zur Vine Street."

„Wozu zum Teufel?"

„Um die Krankenhäuser in Umlauf zu bringen, um nach ihm zu fragen."

„Oh, Unsinn!"

„Ich denke, er hatte einen Unfall", sagte Mudd. „Ausgeraubt und betäubt, oder mit Opium betäubt und auf der Straße zurückgelassen. Ich kenne London – und ihn, wie er ist! Man findet ihn mit umgedrehten Taschen – ich kenne London. Du hättest ihn aufs Land bringen sollen." -Tag, Herr Robert, an einem ruhigen Ort; jetzt ist es vielleicht zu spät.

„Das lässt sich sehr leicht sagen. Ich habe es versucht, und er wollte nicht gehen, nicht einmal nach Richmond. London scheint ihn wie einen Zauber zu fesseln; er ist wie eine Biene in einer Flasche – er kann nicht entkommen."

In diesem Moment erschien ein schreckliches kleines Mädchen mit einem großen Hut und Federn, zu großen Stiefeln und einem Schal an der Eingangstür, sah den Portier und kam auf ihn zu. Sie hatte einen Brief in der Hand.

Der Portier nahm den Brief, sah ihn sich an und brachte ihn zu Mudd.

Mudd warf einen Blick auf den Umschlag und riss ihn auf.

„10, DUKE STREET",
LEICESTER SQUARE

„ HERR MODD,

„Komm sofort.

„ CELESTIN ROSSIGNOL. "

Das war alles, geschrieben in einer eckigen, altmodischen Handschrift und mit violetter Tinte.

„Wo ist mein Hut?" rief Mudd und rannte umher wie ein enthauptetes Huhn. „Wo ist mein Hut? Oh ja, er ist oben!" Er verschwand und erschien eine Minute später mit seinem Hut wieder; Dann machten sie sich mit Bobby und dem schmutzigen kleinen Mädchen, das hinter ihnen hertrabte, auf den Weg.

Unterwegs versuchten sie, das kleine Mädchen zu befragen, aber sie wusste nichts Genaues.

nach Hause gebracht worden – wusste nicht, was mit ihm los war; die Dame hatte ihr den Brief zum Mitnehmen gegeben; das war alles, was sie wusste.

„Er lebt jedenfalls", sagte Bobby.

„Der Herr weiß es!" sagte Mudd.

Das kleine Mädchen ließ sie mit einem Schlüssel hinein und sie gingen, Mudd voran, die Treppe hinauf.

Mudd klopfte an die Tür des Wohnzimmers.

Madame und Cerise waren da, ganz ruhig und offensichtlich wartend; Von Simon war keine Spur zu sehen.

„Oh, Herr Modd ", rief die alte Dame, „was für ein Glück, dass Sie meinen Brief erhalten haben! Armer Monsieur Pattigrew –"

„Er ist nicht tot?" rief Mudd.

Nein, Simon war nicht tot. Sie sagte. Der arme Monsieur Pattigrew und ein sehr großer Herr waren vor über einer Stunde angekommen. Herr Pattigrew konnte es nicht ertragen; er sei krank geworden, hatte der große Herr erklärt. So ein netter Herr, der sich hingesetzt und geweint hatte, während Mr. Pattigrew auf dem Sofa platziert worden war – er war auf der Straße krank geworden. Der große Herr war zum Arzt gegangen, aber noch nicht zurückgekehrt. Mr. Pattigrew war zu Bett gebracht worden. Dafür hatten sie und der große Herr gesorgt.

Herr Pattigrew hatte während dieser Operation für einen Moment das Bewusstsein wiedererlangt und eine Reihe von Banknoten hervorgeholt – so viele! Sie hatte sie sicher in ihrem Schreibtisch abgelegt; Das war einer der Gründe, warum sie so dringend nach Mr. Modd geschickt hatte .

Sie holte die Notizen hervor – ein riesiges Bündel.

Mudd nahm sie und untersuchte sie benommen, Scheine im Wert von Hunderten und Aberhunderten Pfund; und er hatte erst mit zweihundert Pfund angefangen!

„Hier gibt es einen Wert von fast tausend Pfund", sagte Mudd.

Bobbys Erstaunen wäre vielleicht größer gewesen, wenn sein Blick nicht vom ersten Augenblick ihres Eintretens an auf Cerise geruht hätte. Kirschrot mit geöffneten Lippen, einer erhöhten Farbe und der Miene eines kleinen Kindes bei einem Theaterstück, das sie nicht ganz verstand.

Sie war reizend. Französisch, unschuldig, lieblich wie eine Blume – etwas Neues in London, so etwas wie sie hatte er noch nie gesehen. Die Armut im Raum, Onkel Simon, seine Sorgen und Nöte, alles wurde verbannt oder gelindert. Sie war Musik, und wenn Saul sie hätte sehen können, hätte er David nicht nötig gehabt.

Hatte Onkel Simon neben dem Klopferraub auch einen Einbruch begangen, war in ein Juweliergeschäft eingebrochen und hatte seine Beute an einem „Zaun" deponiert und einen Raubüberfall begangen? All diese Gedanken gingen ihm durch den Kopf, harmlos wegen Cerise.

Der unglückliche junge Mann, der so lange mit Mädchen herumgespielt hatte, hatte das Mädchen getroffen, das seit Anbeginn der Welt auf ihn gewartet hatte. Das gibt es immer; Sie mag umwerfend sein, sie mag schlicht sein oder lieblich wie Cerise – sie ist das Schicksal.

„Und hier ist die große Herrenkarte", sagte Madame und nahm eine Visitenkarte von ihrem Schreibtisch, dann noch eine und noch eine.

„Er hat mir drei gegeben."

Mudd reichte Bobby die Karte, auf der stand:

„ THE HON. RICHARD PUGEOT " ,
PALL MALL PLACE, ST. JAMES.

„WÄCHTERKLUB."

„Ich kenne ihn", sagte Bobby. „*Das ist* in Ordnung, und Onkel Simon hätte nicht in bessere Hände fallen können."

Pattigrew also Ihr Onkel?" fragte die alte Dame.

„Das ist er, Madame."

„Dann sind Sie hier dreimal willkommen, Monsieur", sagte sie.

Cerise blickte auf die Worte und Bobbys Augen erwiderten Dank, als sie ihre trafen.

„Kommen Sie", sagte Madame, „Sie werden ihn sehen und dafür sorgen, dass er in Sicherheit ist."

Sie öffnete sanft die Tür zum Schlafzimmer, und dort lag Onkel Simon in einem kleinen, zierlichen und weißen Bett – Cerises Bettchen –, errötet, lächelnd und schnarchend.

„Armer Herr Pattigrew!" murmelte die alte Dame.

Dann zogen sie sich zurück.

Es schien, als gäbe es im Haus ein weiteres Bett für Cerise, und Mudd, der sich um die Patientin kümmerte, zogen sich die Damen zurück. Es wurde vereinbart, dass kein Arzt gesucht wurde. Bobby und Mudd waren sich auch darüber einig, dass das Hotel danach nicht mehr möglich sei.

„Wir müssen ihn morgen aufs Land bringen", sagte Mudd, „wenn er gehen will."

„Er wird gehen, wenn ich ihn gefesselt und gefesselt nehmen muss", sagte Bobby. „Meine Nerven halten das noch einen Tag lang nicht aus. Passen Sie auf diese Notizen auf, Mudd, und lassen Sie ihn sie nicht sehen. Sie werden nützlich sein, um ihn wegzuholen. Ich werde so früh wie möglich da sein. Ich Ich werde Pugeot aufsuchen und die Rechte in der Angelegenheit von ihm einholen. Gute Nacht.

Er ging los.

Auf der Straße blieb er einen Moment stehen, dann nahm er ein vorbeifahrendes Taxi zum Albany.

Tozer war da, spielte Geduld und rauchte. Er unterbrach sein Spiel nicht für den anderen.

„Na, wie geht es Onkel Simon?" fragte Tozer.

„Er schläft endlich nach einem äußerst turbulenten Tag."

„Du siehst ziemlich nüchtern aus."

„Erwähnen Sie es nicht", sagte Bobby, ging zu einer Tantaluskiste und nahm sich etwas Whisky. „Meine Nerven sind völlig entspannt."

„Ihm hinterherlaufen?"

„Gott sei Dank, nein!" sagte Bobby. „Ich warte darauf, dass er tot, verletzt, misshandelt oder einfach betrunken und seines Geldes beraubt auftaucht. Er gab mir den Zettel in Piccadilly mit Zweihundert-Pfund-Scheinen in der Tasche. Der nächste Ort, an dem ich ihn fand, war vor einer halben Stunde." im Bett einer jungen Dame, tot für die Welt, lächelnd und mit fast tausend Pfund in Banknoten, die er im Laufe des Tages irgendwie verärgert hatte.

„Tausend Pfund!"

„Ja, und er hatte erst mit zweihundert angefangen."

„Ich sage", sagte Tozer und vergaß seine Karten, „was für ein Kerl er gewesen sein muss, als er jung war!"

„Als er jung *war*! Herr, ich will ihn nicht jünger sehen, als er ist; wenn das Jugend ist, gib mir Alter."

„Du wirst es schnell genug bekommen", sagte Tozer, „mach dir keine Sorgen, und das wird dich daran erinnern, alt zu bleiben." Es gibt ein arabisches Sprichwort, das sagt: „Es gibt zwei Dinge, die kälter sind als Eis, ein altes." junger Mann und ein junger alter Mann.'"

„Kälter als Eis!" sagte Bobby. „Ich wünschte, du hättest fünf Minuten mit Onkel Simon."

„Aber wer war diese Dame – diese junge –"

„Zwei der nettesten Menschen der Welt", sagte Bobby, „eine alte Dame und ihre Tochter – eine Französin. Er rettete das Mädchen bei einem Omnibusunfall oder so etwas auf einer seiner Eskapaden und brachte sie nach Hause zu ihrer Mutter. Dann – Nachts muss er sich an sie erinnert haben und einen Freund dazu gebracht haben, ihn dorthin zu bringen. Was für eine Frechheit! Was hat ihn in seinem Zustand in die Lage versetzt, sich an sie zu erinnern?"

„Wie ist die junge Dame?"

„Sie ist wunderschön", sagte Bobby; Dann trank er einen Schluck Whisky und versäumte es, Tozer in die Augen zu sehen, als er das Glas abstellte.

„Das hat ihn dazu gebracht, sich an sie zu erinnern", sagte Tozer.

Bobby lachte.

„Das ist kein Grund zum Lachen", sagte der andere, „in seinem Alter – wenn das Herz jung ist."

Bobby lachte erneut.

„Bobby", sagte Tozer, „hüte dich vor diesem Mädchen."

„Ich denke nicht an das Mädchen", sagte Bobby; „Ich denke darüber nach, wie um alles in der Welt der alte Mann –"

„Die Jugend, meinst du."

„Habe das ganze Geld."

„Du bist ein Lügner", sagte Tozer; „Du denkst an das Mädchen."

KAPITEL VIII
PALL MALL PLACE

„Higgs!" rief der Hon. Richard Pugeot .

"Herr?" antwortete eine Stimme hinter den Seidenvorhängen, die den Ankleideraum und das Badezimmer vom Schlafzimmer trennten.

„Wie viel Uhr ist es?"

„Gerade um acht gegangen, Sir."

„Hol mir etwas Sodawasser."

"Jawohl."

Der Hon. Richard lag still.

Higgs, ein glattrasierter und elegant aussehender junger Mann, erschien mit einer Flasche Schweppes und einem Glas auf einem Tablett.

Der Korken knallte und der Betroffene trank.

„Um wie viel Uhr bin ich nach Hause gekommen?"

„Nach zwölf, Sir – fast eins."

„War jemand bei mir?"

"Nein Sir."

„Kein alter Herr?"

"Nein Sir."

„War Randall da?"

"Jawohl."

„Und das Auto?"

"Jawohl."

„Da war kein alter Herr im Auto?"

"Nein Sir."

"Du lieber Himmel!" sagte Pugeot . „Was kann ich mit ihm gemacht haben?"

Higgs, der es nicht wusste, sagte nichts und machte sich daran, die Dinge in Ordnung zu bringen und das Bad seines Herrn vorzubereiten.

„Ich habe einen alten Herrn verloren, Higgs", sagte Pugeot, denn Higgs war sowohl ein vertraulicher Diener als auch ein Kammerdiener.

„In der Tat, Sir", sagte Higgs, als wäre der Verlust alter Herren genauso üblich wie der Verlust von Regenschirmen.

„Und die ganze Geschichte ist so lustig, dass ich kaum glauben kann, dass sie wahr ist. Ich habe nicht den Hauch von Jim-Jams, oder, Higgs?"

„Herr, Sir, nein! Es geht Ihnen gut."

„Bin ich? Sehen Sie, Higgs. Gestern Morgen habe ich den alten Mr. Simon Pettigrew, den Anwalt, getroffen. Denken Sie daran, Sie dürfen niemandem davon erzählen – aber bleiben Sie einen Moment, gehen Sie ins Wohnzimmer und holen Sie mir „ *Wer ist wer?* ". ."

Higgs holte das Buch.

„„Pettigrew, Simon"", las Pugeot vor, während das Buch auf seinen Knien ruhte, „„Friedensrichter für Herts – Präsident der United Law Society – Mitglied der Society of Antiquaries' – h'm, h' m – „Club, Athenæum." Nun, ich traf den alten Herrn in Piccadilly. Wir machten zusammen eine Spritztour, und das Letzte, woran ich mich erinnere, war, wie er einen Stallknecht um einen Gasthaushof jagte, wo wir angehalten hatten, um Benzin oder Whisky oder so etwas zu holen, und wie er ihn mit einem herumjagte Eimer. Er versuchte, den Eimer über den Kopf des Stallknechts zu stülpen."

„Frisch", sagte Higgs.

„Wie Sie sagen, frisch – aber ich möchte wissen, war das eine optische Täuschung? Es gab auch noch andere Dinge. Wenn es keine optische Täuschung war, möchte ich wissen, was aus dem alten Herrn geworden ist? Ich bin nervös." – denn er hat mir einmal Gutes getan, und ich hoffe im Himmel, dass ich ihn nicht hereingelassen habe, damit er sich keine Mühe macht."

„Nun, Sir", sagte Higgs, „ich würde mir an Ihrer Stelle keine Sorgen machen. Es war nur sein kleiner Scherz, und höchstwahrscheinlich ist er dadurch sicher zu Hause."

„Ich erinnere mich auch an zwei Damen, die in die Affäre verwickelt waren", fuhr der andere fort, „aber wer sie waren, kann ich nicht sagen. Kleiner Scherz! Das Problem ist, Higgs, man kann nicht spielen." Kleine Lerchen wie diese, sicher, wenn man eine hochangesehene Person und ein JP und ein Mitglied der Wie heißt das?

Er stand auf, nahm ein Bad und zog sich an, innerlich sehr beunruhigt. Menschen, die in den Simon-Wirbel hineingezogen wurden, waren im

Allgemeinen geistig verwirrt, so groß ist die Macht hoher Ansehenswürdigkeit, wenn man sie mit den Torheiten der Jugend verbindet.

Beim Frühstück wurde Herrn Robert Ravenshaws Karte von Higgs überreicht.

„Führen Sie ihn herein", sagte Pugeot.

„Hallo, Ravenshaw!" sagte Pugeot. „Freut mich, Sie zu sehen. Haben Sie schon gefrühstückt?"

„Ja, danke. Ich habe nur kurz angerufen, um dich wegen meines Onkels zu sprechen."

„Welcher Onkel?"

„Pettigrew –"

„Mein Gott! Du sagst nicht, dass er –"

Bobby erklärte es.

Es war wie ein Mühlstein, der aus Pugeots Hals entfernt wurde.

Dann erklärte er seinerseits.

Dann ging Bobby auf Details ein.

Dann berieten sie sich.

„Sie können ihn nicht aus London herausholen, ohne ihm zu sagen, wohin Sie ihn bringen", sagte Pugeot. „Er wird das Auto auf der Straße umwerfen, wenn er auch nur annähernd so ist wie letzte Nacht. Überlassen Sie es mir und *ich* mache den Trick. Aber die Frage ist, wohin sollen wir ihn bringen? Es hat keinen Sinn, zu einem zu gehen Ein Ort wie Brighton; zu viele Attraktionen für ihn. Ein Gutshof mit Wassergraben ist das, was er will, und selbst dann wird er in den Wassergraben stürzen."

„Ich kenne einen Ort", sagte Bobby, „unten in Upton-on-Hill. Ein Mädchen hat mir davon erzählt; es ist das Rose Hotel."

„Ich weiß es", sagte Pugeot; „Könnte nicht besser sein. Ich habe dort einen Cousin, der in einem Ort namens The Nook wohnt. Es gibt eine Bowlingbahn im Hotel und einen Golfplatz in der Nähe. Ich kann mir nichts tun. Überlassen Sie das alles mir."

Er forderte Higgs auf, das Auto anzurufen, und dann saßen sie da und rauchten, während Pugeot Bobby zeigte, wie man mit Leuten wie Onkel Simon umgeht.

„Das ist alles Unsinn, das Gerede dieses Arztes", sagte Pugeot. „Der arme alte Kerl hat ein oder zwei Nüsse verloren. Ich sollte etwas darüber wissen, denn ich hatte in meiner Familie das gleiche Problem. Hat seine Jugend zurückbekommen – Mist! Cracked, das ist der richtige Name dafür. Ich habe Ich habe es gesehen. Ich habe gesehen, wie mein eigener Onkel mit siebzig Jahren seine Jugend zurückerlangte – und als ich ihn das letzte Mal sah, zog er einen Spielzeugelefanten an einer Schnur hinter sich her. Er hatte auch eine Vorliebe dafür, mit Streichhölzern zu spielen . Ist das das Auto, Higgs? Nun, kommen Sie vorbei und lassen Sie uns die Macht einer kleinen sanften Überredung ausprobieren."

Simon war gerade mit dem Frühstück fertig, als sie ankamen, unterstützt von Madame und Cerise. Der arme Monsieur Pattigrew schien auch nicht das geringste Bedürfnis nach Mitleid zu haben, obwohl die Frauen um ihn herumhingen wie Frauen um einen Kranken. Er redete und lachte und begrüßte die Neuankömmlinge als gute Kameraden, die gerade aufgetaucht waren. Seine Genialität war nicht zu leugnen, und Bobby kam auf seltsame Weise vor, dass Onkel Simon so ein viel angenehmerer Mensch war als der alte Originalartikel. So: Das heißt, für einen Moment außer Gefahr vor den bösartigen Schleifrädern einer Stadt, die Schmetterlinge vernichtet, und einer Gesellschaft, die von respektablen alten Anwälten verlangt, respektable alte Anwälte zu bleiben.

Dann, nachdem sich die Frauen für eine Weile diskret zurückgezogen hatten, begann Pugeot mit seiner sanften Überredung.

Onkel Simon, der Visionen von den ländlichen Vergnügungen von gestern im Kopf hatte, brauchte keine Überredung, und er kam mit Vergnügen auf einen Lauf aufs Land; aber Pugeot ließ sich so etwas nicht mehr gefallen. Er war fröhlich, aber ein wenig dieser Fröhlichkeit genügte ihm lange Zeit.

„Das meine ich nicht", sagte er; „Ich meine, lass uns runtergehen und eine Weile ruhig an einem schönen Ort bleiben – ich meine dich und Ravenshaw hier – denn Geschäfte werden mich zwingen, in die Stadt zurückzukehren."

„Nein, danke", sagte Simon; „Ich bin ganz glücklich in London."

„Aber denken Sie, wie schön es bei diesem Wetter auf dem Land sein wird", sagte Bobby. „London ist so heiß."

„Ich mag es heiß", sagte Simon; „Das Wetter kann mir nicht zu heiß sein."

Dann begannen die sanften Überreder abwechselnd, Anreize anzubieten – Bowling, Golf, eine lustige Bar in einem Hotel, das sie kannten, sogar Mädchen.

Genauso gut hätten sie den Löwen auf dem Trafalgar Square Brötchen anbieten können.

Dann hatte Bobby eine Idee, und als er den Raum verließ, beriet er sich auf der Treppe mit Madame Rossignol; auch mit Cerise.

Dann überließen sie Simon eine Weile den Frauen, machten einen Spaziergang und kehrten zurück, um das Marmorwachs zu holen.

Simon hatte nichts dagegen, ein paar Tage auf dem Land zu verbringen, wenn die Damen als Gäste kämen; er war jetzt begeistert von dem Thema. Sie würden alle eine lustige Zeit auf dem Land verbringen. Der alte poetische Instinkt, der sich dem nicht gewachsen gezeigt hatte, schien, zweifellos durch den Mesmerismus Londons gebremst, zu erwachen und neue Entwicklungen zu versprechen.

Bobby war es egal; Poesie oder ein Pickford-Van waren ihm egal, solange sie Simon aus London herausholten.

Er hatte Julia Delyse , wenn Sie sich erinnern, versprochen, sie an diesem Tag zu sehen, aber er hatte sie für den Moment ganz vergessen.

KAPITEL IX
JULIA

Sie hatte ihn nicht vergessen.

Julia war mit offenem Haar, in einer Eau -de-Nil-Morgenverpackung und beim Braten von Speck über einem Duplex-Ölofen nicht gerade hübsch – obwohl in der Tat nur wenige von uns am frühen Morgen hübsch sind. Sie hatte die Wohnung gegründet, bevor sie berühmt wurde. Es handelte sich um eine Junggesellenwohnung, in der das Junggesellenmädchen Frühstück und Tee selbst kochen sollte. Nachdem das Geld eingegangen war, hatte Julia die Wohnung neu eingerichtet und die Teilzeitstelle eines Dienstmädchens beantragt.

Wie die Ärzte in der Harley Street, die ihre Häuser teilen, teilte sie sich die Dienste des Dienstmädchens mit einer anderen Wohnungsbewohnerin, wobei das Dienstmädchen nach drei Uhr zu Julia kam, um aufzuräumen, den Nachmittagstee hereinzubringen und Anrufe aufzunehmen. Ihr ging es gut genug, um ein ganzes Dienstmädchen zu beschäftigen, aber sie war vorsichtig – das hätten ihre Verleger Ihnen sagen können.

Der gebratene Speck und das Frühstück waren vorbei und abgeräumt, Julia machte sich mit noch offenem Haar an die Arbeit am abgeräumten Tisch vor einem Stapel Papiere und Geschäftsbücher.

Sie hätten sich nie vorstellen können, dass sie die Julia von neulich Abend ist, wie sie mit Bobby über „Literatur" diskutiert.

Sie beschäftigte keinen Literaturagenten, da es sich um eine seltene Schriftstellerin handelte, die einen Gespür fürs Geschäft hatte. Wenn Sie riesige Verlagshäuser und wohlhabende Verlage in ihren Autos rollen sehen, erleben Sie eine optische Täuschung. Was Sie sehen, oder besser gesagt, was Sie sehen sollten, ist eine Schar von Schriftstellern ohne Geschäftsinstinkt.

Julia, die vor ihren Papieren saß und sie auf der Suche nach einem Brief umblätterte, stieß gerade auf den ersten Brief, den sie jemals von einem Verleger erhalten hatte, eine sehr knappe, sachliche Mitteilung, in der es hieß, dass der Verleger glaubte, den Weg zu finden Veröffentlichung ihrer MS. mit dem Titel „Die Welt vor der Tür" und der Bitte um ein Interview. Daran war, als eine Art Kuriosum, die Vereinbarung gebunden, die ihr zur Unterzeichnung vorgelegt worden war und die sie nicht unterzeichnet hatte.

Es gab – oder hätte – dem Verlag das Urheberrecht und die Hälfte der amerikanischen, seriellen, dramatischen und anderen Rechte. Es bot zehn Prozent auf den veröffentlichten Preis aller verkauften Exemplare *nach* den ersten fünfhundert Exemplaren; Es sah vor, dass sie ihm die nächsten vier

Romane zu den gleichen Bedingungen geben sollte, um ihn zu einer ordnungsgemäßen Werbung für das Buch zu bewegen – und Julia hatte darauf prompt geantwortet: „Senden Sie das Typoskript meines Romans sofort zurück."

So endete die erste Lektion.

Dann war sie, ermutigt durch diese offensichtlich gute Meinung über ihre Arbeit, zu einem anderen Verlag gegangen? Kein bisschen – oder zumindest zunächst nicht. Sie war der Society of Authors beigetreten – ein Akt, der für den Werdegang eines erfolgreichen Autors ebenso notwendig war wie die Taufe für den Werdegang eines Christen. Sie hatte den Verlagsstamm, seine Art und Weise und seine Arbeit studiert und herausgefunden, dass er Bücher genauso liebte wie Gemüsehändler Kartoffeln, und dass eine solche Liebe, sollte es sie geben, ungesund wäre. Denn kein Warenverkäufer sollte die Waren, die er verkauft, lieben.

Dann war sie zu einer großen, unverschämt werbenden Handelsfirma gegangen, die mit Büchern handelte, wie Männer mit Massengütern umgehen, und indem sie den Manager von Mann zu Mann befragte, hatte sie ihr Geschäft abgeschlossen, und zwar ein gutes.

Diese Leute publizierten Dichter und Literaten – aber sie respektierten Julia.

Ohne kreative Arbeit konnte sie sich heute Morgen ganz auf die Buchhaltung usw. konzentrieren.

Dann wandte sie sich einem kleinen Buch zu, in das sie manchmal kritzelte und dessen Inhalt sie, so eine vage Vorstellung, irgendwann einmal unter einem Pseudonym veröffentlichen wollte. Es trug den Titel „Nie" und war keine Poesie. Es war ein Daumenbuch für Autoren, bestehend aus Absätzen, manche lang, manche kurz.

„Essen Sie niemals mit einem Verleger – das Mittagessen ist noch schlimmer."

„Geben Sie Ihren Freunden niemals Gratisexemplare von Büchern oder leihen Sie sie aus. Das gegebene Buch wird nicht geschätzt, das ausgeliehene Buch geht immer verloren – außerdem sind die Buchhändler und Leihbibliotheken Ihre wahren Freunde."

„Senken Sie niemals Ihren Preis."

„Versuchen Sie niemals, Ihr Publikum zu vergrößern."

„Diskutieren Sie niemals mit einem Kritiker."

„Seien Sie niemals begeistert von guten Bewertungen, oder deprimiert von schlechten Bewertungen oder wütend über schlechte Bewertungen. Die Öffentlichkeit ist Ihr Rezensent – *sie* weiß es", und so weiter.

Sie hielt „Niemals" den Mund und fügte hinzu:

„Verrate niemals eine Handlung." Dann machte sie ihre Haare und dachte an Bobby.

Er hatte nicht festgelegt, wann er anrufen würde; Das war eine Klausel in der Vereinbarung, die sie vergessen hatte – sie, die auch bei Vereinbarungen so vorsichtig war.

Dann zog sie sich an, setzte sich, las „De Maupassant" und rauchte eine Zigarette.

Sie aß im Restaurant unter der Treppe zu Mittag und kehrte dann in die Wohnung zurück. Die Teezeit kam und kein Bobby.

Sie fühlte sich pikiert, setzte ihren Hut auf, und da der Berg nicht zu Mohammed kommen wollte, beschloss Mohammed, auf den Berg zu gehen.

In ihrer Erinnerung war seine Ansprache festgehalten: „Care of Tozer, B12 , the Albany."

Sie ging zum Albany, kam kurz nach fünf Uhr dort an, fand B12 und stieg die Treppe hinauf.

Tozer war drin und öffnete selbst die Tür.

„Ist Mr. Ravenshaw zu Hause?" fragte Julia.

„Nein", sagte Tozer; „Er ist weg, aufs Land gegangen."

„Aufs Land gegangen?"

„Ja, er ist heute gegangen."

Tozer hatte Julia sofort als die Dame des Komplotts erkannt. Er war ebenso unkonventionell wie sie, und er wollte diesen Faszinierenden seines *Schützlings näher kennenlernen* .

„Ich glaube, wir sind fast gegenseitige Bekannte", sagte er; „Willst du nicht reinkommen? Mein Name ist Tozer und Ravenshaw ist mein bester Freund. Ich würde gerne mit dir über ihn reden. Willst du nicht reinkommen?"

„Sicherlich", sagte der andere. „Mein Name ist Delyse – ich vermute, dass Sie ihn kennen."

„Ich weiß es gut", sagte Tozer.

„Ich meine nicht durch meine Bücher", sagte Julia und nahm ihren Platz im gemütlichen Wohnzimmer ein, „sondern durch Mr. Ravenshaw."

„Von beidem", sagte Tozer, „und was ich sehen möchte, ist, dass Ravenshaws Name eines Tages genauso bekannt ist wie Ihrer. Bobby hat seine Zeit verschwenderisch genutzt und ist sehr klug."

„Viel", sagte Julia.

Tozer, der ein ausgeprägtes Gespür für Charakter hatte, hatte Julia als vernünftige Person eingeschätzt – er hatte sie noch nie in einem ihrer Liebesspiele gesehen – und sie war eine Dame. Genau die richtige Person, die sich um Bobby kümmert.

„Er ist heute mit einem alten Herrn, seinem Onkel, aufs Land gegangen."

„Ich weiß alles über *ihn* ", sagte Julia.

„Bobby hat es dir also gesagt?"

"Ja."

„Über den Angriff der Jugend?"

"Ja."

„Nun, heute ist eine ganze Familiengesellschaft in einem Auto losgefahren. Bobby rief hier an, um sein Gepäck zu holen, und ich ging in die Vigo Street und begleitete sie."

„Wie meinst du das mit einer Familienfeier?"

„Der junge alte Herr und ein großer blonder Mann und Bobby und eine alte Dame und ein hübsches Mädchen."

Julia schluckte leicht.

„Beziehungen?"

„Nein, Französinnen, glaube ich, das waren die Damen. Ziemlich nette Leute, glaube ich, wenn auch arm. Der alte Herr hatte sie auf einigen seiner Streifzüge mitgenommen."

„Bob – Mr. Ravenshaw hat versprochen, mich heute zu sehen", sagte Julia. „Wir sind verlobt – das sage ich ganz offen – zumindest so gut wie verlobt, das können Sie verstehen."

"Ganz."

„Er hätte es mir sagen sollen", sagte sie nachdenklich.

"Er sollte."

„Sind sie nach Upton-on- Hill gegangen, wissen Sie?"

„Das haben sie. Das Rose Hotel."

Julia dachte eine Weile nach . Dann stand sie auf, um zu gehen.

„Wenn Sie meine Meinung wissen wollen", sagte Tozer, „ich denke, die ganze Gruppe möchte sich um sie kümmern. Es schien eine recht angenehme Party zu sein, aber die Verantwortung schien etwas zu fehlen; die alte Dame, so charmant sie auch war, schien mir kaum genug Ballast dafür zu haben." so viel Jugend.

„Ich verstehe", sagte Julia. Dann ging sie weg und Tozer zündete sich eine Pfeife an.

Die hübsche junge Französin machte ihm Sorgen. Sie hatte sogar ihn bezaubert – und er kannte Bobby, und seine Weisheit zeigte, dass eine mittellose Schönheit nicht die erste Stufe auf der Leiter zum Erfolg im Leben war.

Julia hingegen war solide. So dachte er.

TEIL IV

KAPITEL I
DIE GARTENPARTY

Upton-On-Hill steht auf einem Hügelland, das sich nach Norden und Süden erstreckt, größtenteils mit Kiefern bewaldet ist und einen Blick auf halb Wessex bietet, jedoch nicht auf das Wessex von Thomas Hardy. Von Upton aus können Sie sieben Kirchtürme sehen, und die Römerstraße nimmt sie in ihren Bann, wird für einen Moment zur Upton High Street und wird dann wieder zur Römerstraße, die zu den Downs und zum fernen Meer führt.

Es ist ein erholsamer Ort, und im Frühling erfüllt das Geschrei der Vögel und der gemessene Ruf des Kuckucks das Dorf und vermischt sich mit der Stimme der immer sprechenden Kiefern. Im Sommer schläft Upton zwischen Rosen in einer Atmosphäre aus Sonnenlicht und Schläfrigkeit, besungen von den Bienen und Vögeln. Das Rose Hotel steht abseits der High Street auf einem eigenen Grundstück, und neben dem Rose gibt es zwei weitere Häuser zur Erfrischung, das Bricklayer's Arms und das Saracen's Head, von denen im Folgenden mehr erzählt wird.

Es ist ein angenehmer und erholsamer Ort. Beim Durchgehen sagen die Leute: „Oh, was für ein Traum!" Wenn man darin lebt, muss man endlich zugeben, dass es Träume und Träume gibt. Es ist nicht der Ort, der diese Überzeugung erzwingt, sondern die Menschen.

So wie die Römerstraße am Anfang der High Street schmaler wird, so wird auch das Leben eines Fremden, der beispielsweise aus London kommt, am Anfang seines Wohnsitzes in Upton schmaler. Wenn Sie ein Dorfbewohner sind , befinden Sie sich unter einem Mikroskop mit dreihundert Augen am Okular; Wenn Sie ein vornehmer Mensch sind, sich aber nicht vorstellen können, sind Sie das Ziel von einem halben Dutzend Teleskopen, die von den Bewohnern auf Sie gerichtet werden.

Colonel Salmon – der die Fischereirechte am Forellenbach unterhalb des Hügels besaß – die Talbot- Tomsons , die Griffith-Smiths, die Grosvenor-Jones und die anderen, alle diese werden Sie, wenn Sie sich nicht vorstellen, als passive Widerständler Ihrer Anwesenheit empfinden .

Nun sind Vorsicht gegenüber Fremden und Snobismus zwei verschiedene Dinge. Die Uptonianer sind snobistisch, denn obwohl man so schön wie ein Traum oder so unschuldig wie ein Heiliger ist, wird man beschimpft und umgedreht; aber wenn man reich ist , ist das eine andere Sache, wie im Fall der Smyth-Smyths, die weder schön noch unschuldig waren – aber das ist eine andere Geschichte.

„Das Dorf ist eine Meile weiter", sagte Pugeot ; „Lass uns hier umkehren, bevor wir zum Hotel gehen und mit meinem Cousin Nachmittagstee trinken. Randall, steuere nach The Nook."

Das Auto war nicht der Dragon-Fly, sondern eine riesige geschlossene Limousine, in der Mudd neben Randall saß und in der sich der Rest dieser gesellschaftlichen Menagerie befand, die gerade dabei war, auf den Bewohnern von Upton auf dem Landungssteg der gesellschaftlichen Stellung von Dick gelandet zu werden Pugeots Cousin, Sir Squire Simpson.

Alle Vorstellungen der Welt könnten nicht besser sein als die persönliche Vorstellung des *Einwohners* von Upton durch den Hon. Richard Pugeot.

Sie passierten die Tore der Hütte und fuhren dann eine angenehme Fahrt hinauf zu einem großen Haus, vor dem eine kleine Gartenparty stattgefunden zu haben schien; Es war ein großer Nachmittagstee, und da lagen Männer in Flanellhemden, Mädchen in Sommerkleidern und weggeworfene Tennisschläger herum, und der Anblick all dessen versetzte Bobby in einen schrecklichen Schock.

Onkel Simon war während der Reise sehr ruhig gewesen – glücklich, aber ruhig – und hatte sich zwischen die beiden Frauen gezwängt, aber das war nicht der Ort, an dem er Onkel Simon abgeben wollte, trotz seiner Ruhe und seines Glücks. Auch Mudd hatte offensichtlich Bedenken, denn er blickte immer wieder durch die Glasfront des Wagens zurück und schien zu versuchen, Bobbys Blick auf sich zu ziehen.

Aber es gab kein Zurück.

Das Auto fuhr die Auffahrt entlang, an der Party auf dem Rasen vorbei und hielt vor der Haustür. Dann, als sie ausstiegen, löste sich ein großer alter Mann ohne Hut und in grauem Tweed gekleidet aus der Menge auf dem Rasen und kam auf sie zu.

Das war Sir Squire Simpson, Bart. Sein Kopf war kuppelförmig und er hatte schwere Augenlider, die an halb geschlossene Fensterläden erinnerten, und ein Gesicht, das aussah, als wäre es aus altem Elfenbein geschnitzt – ein äußerst ernst aussehender und stattlicher Mensch; aber er war froh, Pugeot zu sehen , und er kam mit ausgestreckter Hand und dem Anflug eines altmodischen Lächelns auf ihn zu.

„Ich habe ein paar Freunde mitgebracht, um im Hotel zu übernachten", sagte Pugeot , „und ich dachte, wir würden zuerst hier zum Tee vorbeikommen. Ich hatte nicht erwartet, dass hier eine Party stattfindet."

„Erfreut", sagte der Squire.

Ihm wurde „mein Freund, Mr. Pettigrew, Madame – ähm – de Rossignol, Mademoiselle de Rossignol, Mr. Ravenshaw" vorgestellt.

Als sich die Gruppe auf den Rasen zubewegte, wurden sie alle Lady Simpson vorgestellt, einer harmlos aussehenden Person, die sie begrüßte, sie unter ihren Gästen aufteilte und ihnen Tee gab.

Pugeot zu erreichen .

„Ich sage", sagte er, „denkst du nicht, dass das vielleicht etwas zu viel für Onkel ist?"

„Oh, es geht ihm gut", sagte Pugeot; „Hier kann nichts passieren. Schau ihn dir an, er ist ganz glücklich."

Simon schien glücklich genug zu sein, als er mit einer Frau sprach, die wie eine Witwe aussah, und seinen Tee trank; aber Bobby war nicht glücklich. Irgendwie schien alles falsch zu sein, und er beschimpfte Pugeot in seinem Herzen. Pugeot hatte selbst gesagt, dass ein mit Wassergraben versehener Gutshof der richtige Ort für Onkel Simon sei, und selbst dann könnte er in den Wassergraben fallen – und nun hatte er ihn mit der großartigen Konsequenz seiner Natur in diesen Wirbel der örtlichen Gesellschaft gestürzt. Das war keine Abgeschiedenheit auf dem Land. Einige dieser Leute könnten zufällig Onkel Simons Kunden sein!

Aber es hatte keinen Sinn, sich Sorgen zu machen, und er konnte nichts anderes tun, als zuzusehen und zu hoffen. Ihm fiel auf, dass sich die Frauen offenbar mit Cerise und ihrer Mutter beschäftigt hatten, und er konnte nicht umhin, sich vage zu fragen, wie es wohl gewesen wäre, wenn sie die Zimmer in der Duke Street, Leicester Square, und das darin versteckte Bild von Onkel Simon hätten sehen können wachte auf und schnarchte in Cerises Bettchen.

Das Tennis begann wieder, und Bobby musste, fest von Miss Squire Simpson festgehalten – sie war ein unscheinbares Mädchen –, sich ein Spiel ansehen und versuchen zu reden.

Die Tatsache, dass Madame und Cerise Ausländer waren, hatte offensichtlich ihren Mangel an der besonderen Note in der Kleidung, die den Stil ausmacht, geduldet. Sie wurden von ihrer Gastgeberin herumgeführt und ihnen Dinge gezeigt.

Onkel Simon war in Begleitung einer Frau zum Rosengarten hinter dem Haus verschwunden; sie schien älter zu sein. Bobby hoffte das Beste.

„Bist du schon lange hier unten?" fragte Miss Squire Simpson.

„Nicht sehr lange, glaube ich", antwortete er. „Vielleicht sind wir etwa einen Monat hier – es hängt alles von der Gesundheit meines Onkels ab."

„Dieser Herr, mit dem Sie gekommen sind?"

"Ja."

„Er scheint furchtbar fröhlich zu sein."

„Ja – aber er leidet an Schlaflosigkeit."

„Dann wird er hier viel schlafen", sagte sie. „Oh, sag mir bitte den Namen des hübschen Mädchens, das mit dir gekommen ist! Ich kann nie einen Namen merken, wenn ich einer Person vorgestellt werde."

„Eine Miss Rossignol – sie ist eine Freundin des Onkels – sie ist Französin."

„Und die liebe alte Dame ist wohl ihre Mutter?"

„Ja. Sie schreibt Bücher."

„Eine Autorin?"

„Ja – zumindest glaube ich, dass sie Bücher übersetzt. Sie ist furchtbar klug."

"Gut gespielt!" rief Fräulein Squire Simpson und brach auf einen Schlag eines der flanellbekleideten Narren von dem Thema in Ekstase ab – und fuhr dann fort:

„Sie *muss* klug sein. Und bleibt ihr alle zusammen hier?"

„Ja, im Rose Hotel."

„Sie werden feststellen, dass es ein hübscher kleiner Ort ist", sagte sie, ohne sich jeglicher *Doppeldeutigkeit bewusst zu* sein, „und Sie werden hier unten jede Menge Tennis spielen. Gehen Sie angeln?"

"Ein wenig."

„Dann müssen Sie Colonel Salmon wieder gutmachen – das ist er an den Netzen – er besitzt den besten Forellenbach hier."

Bobby sah Colonel Salmon an, einen kräftigen Mann mit rotem Gesicht und einem Kopf, der ein wenig dem Kopf eines Lachses ähnelte – eines Lachses mit einem hohen Bewusstsein für seine eigene Bedeutung.

Dann kam Pugeot und rauchte eine Zigarette, und dann begannen einige Leute zu gehen. Die große Limousine erschien mit Mudd und dem Gepäck wieder aus dem Hintergelände, und Pugeot begann, seine Gruppe einzusammeln. Simon erschien mit der älteren Dame wieder; Sie lächelten beide und er hatte offensichtlich keinen Schaden angerichtet. Es wäre vielleicht besser gewesen, wenn er es gleich zu Beginn getan hätte. Die französischen Damen wurden zurückerobert, und als sie ins Auto stiegen, umringte eine ganze Schar von Bewohnern die Tür und verabschiedete sich vorerst von ihnen.

„Denken Sie daran, Sie müssen unbedingt vorbeikommen und sich meine Rosen ansehen", sagte Frau Fisher-Fisher. „Kümmern Sie sich nicht um die Formalität, kommen Sie einfach alle vorbei."

„Sie werden Anderson beim Hotel antreffen; er ist ein ganz netter Kerl", rief Sir Squire Simpson. „So lange – so lange."

„Sind sie nicht charmant?" sagte die alte Madame Rossignol, deren Gesicht von der schönen Zeit, die sie hatte, leicht gerötet war; „und das schöne Haus – und der schöne Garten."

Sie hatte seit Jahren keinen Garten mehr gesehen; Wahrlich, Simon *war* für die Rossignols eine gute Fee .

Sie hielten im Rose Hotel an. Eine riesige Glyzinienranke beschattete die Flurtür, und der Wirt kam ihnen entgegen. Pugeot hatte telegraphisch um Zimmer gebeten; er kannte Pugeot , und sein Umgang mit ihnen sprach dafür.

Dann wurden die Rossignols in ihr Zimmer geführt, wo ihnen ihr dürftiges Gepäck, so wie es war, vorgetragen worden war.

Es war ein großes Schlafzimmer mit Chintzvorhängen und einem Boden mit Hügeln und Tälern; Es hatte schwarze Eichenbalken und das Fenster öffnete sich zum Garten.

Die alte Dame setzte sich.

"Wie glücklich ich bin!" sagte sie. „Kommt es dir nicht wie ein Traum vor, *Ma Fée* ?"

„Es ist wie im Himmel", sagte Cerise und küsste sie.

KAPITEL II
HORN

„Nein, Sir", sagte Mudd, „er nimmt in der Bar des Hotels kaum etwas zu sich, aber er saß letzte Nacht bis zum Ladenschluss im Bricklayer's Arms."

„Oh, da war er", sagte Bobby. "Wie hast du das herausgefunden?"

„Nun, Sir", sagte Mudd, „ich war selbst im Salon und habe einen Tropfen heißes Wasser und Gin mit etwas Zitrone darin getrunken. Es ist ein anständiges Haus, und das Dienstbotenzimmer in diesem Hotel hat nichts zu bieten. Das gefällt mir nicht, noch Mr. Andersons Mann. Ich saß da und rauchte meine Pfeife, als er draußen in die Bar kam . Ziemlich umgänglich und freundlich."

„Nun, das kann nicht schaden", sagte Bobby. „Das habe ich schon oft in einem Landgasthof gemacht. Ist er beim Bier geblieben?"

„Das hat er", sagte Mudd grimmig. „Er hatte diesen Zehn-Pfund-Schein bekommen, den ich ihm dummerweise überlassen hatte. Ja, er blieb beim Bier, und die Kerle, die er behandelte, taten es auch."

„Das Komische ist", sagte Bobby, „dass er, obwohl er weiß, dass wir sein Geld haben – und es sind, Gott sei Dank, fast elftausend davon – , sich nicht dagegen wehrt, wenn wir es nehmen –, muss er doch gewusst haben, dass wir diesen Koffer aufgeschnitten haben." – kommt aber wegen Geld zu dir wie ein Schuljunge."

„Das ist er", sagte Mudd. „Ich glaube, Herr Robert, dass er immer jünger wird; er ist geschickt wie ein Kind, wenn es um Süßigkeiten geht. Und er weiß, dass wir uns um ihn kümmern, glaube ich, und es macht ihm nichts aus, denn es ist Teil seiner Unterhaltung." um uns zu entkommen. Nun, wie ich schon sagte, er saß da und redete und all diese Dorfbewohner hörten ihm zu, als wäre er der Sultan der Türkei, der das Gesetz festlegt. Das hat ihm gefallen. Er mag es, mittendrin zu sein alles; und als das Bier zur Neige ging, wurde das Gerede lauter – bis er ihnen erzählte, dass er bei der Schlacht von Waterloo dabei gewesen sei.

„Guter Gott!"

„ *Sie* wussten es nicht anders", sagte Mudd, „aber es brachte mich dazu, ihm zuzuhören."

„Das Problem ist", sagte Bobby, „dass wir es nicht nur mit einem jungen Mann zu tun haben, sondern mit der Art von jungem Mann, der vor vierzig Jahren jung war. Das ist unser Problem, Mudd; wir können nicht mit dem rechnen, was er." Mache ich, weil uns die Daten fehlen. Und ein weiterer

Ärger ist, dass seine Dummheit durch das lange Abfüllen offenbar noch zugenommen hat, wie altes Bier, aber den Dorfbewohnern kann er nichts anhaben, sie sind ein unschuldiger Haufen ."

"Sind sie?" sagte Mudd. „Einer der Kerle, mit denen er gesprochen hat, war ein Kerl, der wie ein Galgen aussieht. Er heißt Horn und ist, glaube ich, ein Wilderer. Dann sind da noch der Schmied und ein schielender Kerl, der sich Metzger nennt; die beiden sind es . "Ich habe nicht viel vor. Unschuldiger Haufen! Wenn Sie die Geschichten wüssten, die Mr. Andersons Mann mir über dieses Dorf erzählt hat, würden Ihnen die Haare auf den Kopf sträuben. London ist eine Mädchenschule für diese Landdörfer, wenn das alles stimmt hört. Nein, Herr Robert, er möchte sich hier mehr als anderswo um ihn kümmern, und mir scheint, dass die einzige Person, die ihn wirklich im Griff hat, die junge Dame ist.

„Fräulein Rossignol?"

„Ja, Mr. Robert, er ist auf seine dumme Art auf sie losgegangen, und sie kann ihn wie ein Kind um ihren Finger wickeln. Wenn er bei ihr ist, ist er ein anderer Mensch, außer Sichtweite von ihr ist er ein anderer Mann."

„Schau mal, Mudd", sagte der andere, „er kann nicht in sie verliebt sein, denn es gibt kein Mädchen, das er sieht, nach dem er nicht seinen Blick richtet."

„Vielleicht", sagte Mudd, „aber wenn er bei ihr ist, ist er in sie verliebt; ich habe ihn beobachtet und weiß es. Er verehrt sie, glaube ich, und wenn sie nicht so vernünftig wäre, hätte ich Angst." Es ist ein Segen, dass er auf sie gestoßen ist; sie ist der einzige Halt für ihn, und sie ist ein guter Halt."

„Es ist ein Segen", sagte Bobby. Dann, nach einer Pause: „Mudd, du warst immer ein guter Freund von mir, und dieses Geschäft hat mir gezeigt, wer du wirklich bist. Mir macht etwas Sorgen – ich bin selbst in sie verliebt. Da, Sie haben es."

„Mit Miss Rossignol?"

"Ja."

„Nun, Sie könnten sich für das Schlechtere entscheiden", sagte Mudd.

„Aber das ist noch nicht alles", sagte Bobby. „Da ist noch ein anderes Mädchen – Mudd, ich war ein verdammter Idiot."

„Wir alle waren in unserer Zeit Dummköpfe", sagte Mudd.

„Ich weiß, aber es ist ziemlich unangenehm, wenn die eigenen Torheiten nach Hause kommen und sich auf einem niederlassen. Sie ist ein nettes Mädchen, Miss Delyse , aber ich mag sie nicht. Und doch habe ich mich irgendwie mit ihr eingelassen – nicht gerade verlobt , aber ganz in der Nähe. Es geschah alles in einem Augenblick, und sie kommt hierher; ich habe heute Morgen einen Brief von ihr erhalten.

"Oh Gott!" sagte Mudd, „eine andere Mischung. Als ob es nicht genug von uns im Geschäft gäbe!"

„Das ist ein guter Name dafür: ‚Geschäft'. Mir kommt es vor, als helfe ich dabei, eine Art scheußliche Fabrik zu leiten, eine verrückte Art von Show, in der wir versuchen, die Torheit zu verdichten und sie in ihren eigenen Rauch zu versetzen – eine illegale Whisky-Destille, denn wir versuchen, unsere zu verbergen Es geht ständig ums Geschäft, und der Gedanke, dass jeden Moment ein Klient auftauchen und ihn so sehen könnte, macht mir Angst. Mir kommt es manchmal so vor, Mudd, wie sich Kerle fühlen müssen, wenn die Polizei hinter ihnen her ist."

„Sprechen Sie nicht von der Polizei", sagte Mudd, „allein das Wort lässt mich erschaudern. Wann kommt sie, Mr. Robert?"

„Miss Delyse ? Sie kommt heute mit dem Zug 3.15 zum Bahnhof Farnborough, und ich muss sie treffen. Ich habe ihr gerade ein Zimmer hier gebucht. Sie sehen, wie gebunden ich bin. Wenn ich alleine hier wäre, könnte sie es Ich bin nicht gekommen, weil es nicht angemessen wäre, aber *ihn* hier zu haben macht es angemessen.

„Hast du ihr erzählt, in welchem Zustand er ist?"

„Ja. Es macht ihr nichts aus. Sie sagte, sie wünschte, alle anderen wären gleich – sie sagte, es sei wunderschön."

Sie unterhielten sich in Bobbys Zimmer, das auf den Garten des Hotels blickte, und als er nun aus dem Fenster blickte, sah er Cerise.

Dann löste er sich von Mudd. Er erreichte sie, als sie durch die kleine, von Spaziergängern überdachte Gasse ging, die vom Garten zur Bowlingbahn führt. Es gibt eine Laube im Garten, die in einer Ecke versteckt ist, und es gibt eine Laube in der Nähe des Bowlingplatzes; Es gibt noch mehrere andere Lauben , denn der Hotelplaner war ein Experte in seiner Arbeit, aber das sind die einzigen zwei Lauben , die mit unserer Geschichte zu tun haben.

Bobby holte das Mädchen ein, bevor sie das Grün erreicht hatte, und sie gingen zusammen darauf zu und unterhielten sich, wie junge Leute nur mit Leben und Fröhlichkeit über nichts plaudern können. Sie waren im Geiste erstaunlich gut aufeinander abgestimmt. Der Geist hat genau wie die Augen Farben ; Es gibt schwarze Köpfe und braune Köpfe und schlammfarbene Köpfe und graue Köpfe und blaue Köpfe. Bobby hatte einen blauen Geist, obwohl er manchmal tatsächlich fast grün wirkte. Cerises Augen waren blau, ein fröhliches Blau wie das Blau ihrer Augen.

Sie waren nun seit zweieinhalb Tagen ziemlich eng beieinander und hatten sich trotz Onkel Simon, oder besser gesagt, vielleicht wegen ihm, gut kennengelernt. Sie diskutierten frei und vorbehaltlos über ihn, und sie diskutierten jetzt über ihn, wie das folgende außergewöhnliche Gespräch zeigen wird.

„Er ist gut, wie du sagst", sagte Bobby, „aber er macht mir mehr Ärger als ein Kind."

Cerise sagte: „Soll ich dir ein kleines Geheimnis verraten?"

"Ja."

„Du versprichst mir mit Sicherheit, ganz sicher, dass du mein kleines Geheimnis niemals verraten wirst?"

"Ich schwöre."

„Er ist mit mir verfeindet – ich dachte, es wäre Maman, aber ich bin es." Auf dieses Geständnis folgte ein schallendes Gelächter, das das Echo der Bowlingbahn aufnahm.

„Gestern Abend sagte er vor dem Abendessen zu mir: ‚Cerise, ich verabscheue dich.'"

"Und was hast du gesagt?"

„Dann ertönte der Gong beim Abendessen", sagte Cerise, „und ich sagte: ‚Oh, Monsieur Pattigrew, ich muss rennen und mich umziehen.' „Dann bin ich weggelaufen. Ich wollte mein Kleid nicht wechseln, aber ich wollte das Gespräch ändern", beendete Cerise.

Dann mit einem Lächeln: „Er macht mich mehr fertig als alle anderen Mädchen."

„Warum, woher weißt du, dass er andere Mädchen liebt?"

„Ich habe gesehen, wie er Mädchen anstarrte", sagte Cerise. „Er mag alles auf der Welt, aber Mädchen mag er am liebsten."

„Bist du in ihn verliebt, Cerise?" fragte Bobby grinsend.

„Ja", sagte Cerise offen. „Wer könnte helfen?"

„Wie sehr bist du in ihn verliebt, Cerise?"

„Ich würde für ihn ohne meine Schuhe nach London laufen", sagte Cerise.

„Nun, das ist etwas", sagte Bobby. „Komm in diese kleine Laube , Cerise, und lass uns Platz nehmen. Stört es dich nicht, wenn ich rauche?"

"Nicht ein Bisschen"

„Es ist gut, dass jemand so einen liebt", sagte er und zündete sich eine Zigarette an.

„Er zieht es von mir", sagte Cerise.

„Nun, ich muss sagen, er ist sympathischer, so wie er ist, als wie er war; du hättest ihn sehen sollen, bevor er jung wurde, Cerise."

„Er war immer gut", sagte sie, als spräche sie aus sicherem Wissen; „Immer gut und nett und süß."

„Er hat es geschafft, es zu verbergen", sagte Bobby.

„Ah ja – vielleicht ja – es gibt viele alte Herren, die rau und nicht nett wirken, und dann ist darunter alles anders."

„Wie würde es dir gefallen, Onkel zu heiraten?" fragte er lachend.

„Wenn er äußerlich so jung wäre, wie er innerlich jung ist – warum, dann weiß ich nicht. Ich könnte – ich könnte auch nicht."

Dann ließ der unglückliche junge Mann, der alles vergaß, sogar die herannahende Julia, seine Stimme um einen halben Ton sinken ; er ist vom Onkel abgewichen; Simon geht der Frage nach der Schönheit der Rosen nach.

Das Gespräch stockte etwas, dann hielt er einen ihrer Finger.

Dann kamen Schritte auf dem Kies. Ein Diener.

„Die Fliege ist bereit, Sie zum Bahnhof zu bringen, Sir."

Es war drei Uhr.

KAPITEL III
JULIA – *Fortsetzung*

Es war eine Mischung aus einem Hansom-Taxi und einem „Growler", mit der Stimme des letzteren und dem Staub der Straße von Farnborough , mit der Aussicht auf eine drei Meilen lange Fahrt zu Julia und eine drei Meilen lange Rückfahrt. bereitete Bobby keine Freude – auch nicht die Aussicht, Erklärungen abgeben zu müssen.

Er hatte sich dazu ganz entschieden. Nach dem Laubengeschäft war es unmöglich, mit Julia weiterzumachen; Er musste alle Bande zerbrechen, die zwischen ihnen bestanden, und er musste das Geschäft erledigen, bevor sie im Hotel ankam. Dann kam die Aussicht, mit ihr im Hotel wohnen zu müssen, auch nur für eine Nacht. Er fragte sich selbst, ob er ein Schurke war oder nicht, ob er mit Julia gespielt hatte? Soweit ich mich erinnere, hatten sie beide miteinander gespielt. Es war eine plötzliche Angelegenheit, und es war kein wirkliches Versprechen gemacht worden; er hatte nicht einmal „Ich liebe dich" gesagt – aber er hatte sie geküsst. Der juristische Verstand hätte das zweifellos als eine Liebeserklärung interpretiert, aber Bobbys Verstand war nicht legal – alles andere als – und was das Küssen eines Mädchens anging: Wenn er dazu verurteilt worden wäre, alle Mädchen zu heiraten, die er geküsst hatte, hätte er es getan wurde gezwungen, in Utah zu leben.

In Farnborough musste er eine halbe Stunde auf den Zug warten, und als dieser ausstieg, trat Julia hinzu, heiß und grün gekleidet, mit einer Reisetasche und einem Bündel Zeitschriften und Zeitungen.

" Hase Sie?" sagte Bobby, als sie sich die Hände schüttelten.

„Heiß", sagte Julia.

„Nicht wahr?"

Er trug die Reisetasche zum Hosenzelt, und ein Gepäckträger folgte ihm mit einer geflochtenen Reisetasche. Als das Gepäck verstaut war, stiegen sie ein und die Fliege machte sich auf den Weg.

Julia war nicht in leidenschaftlicher Stimmung; Niemand ist oder war jemals auf der Suche nach einer Reise mit der London and Wessex and South Coast Railway – es sei denn, es handelt sich um eine leidenschaftliche Stimmung gegen die Eisenbahn. Sie schien tatsächlich verärgert und kritisch zu sein, und ein klagender Tonfall in ihrer Stimme munterte Bobby auf.

„Ich weiß, es ist eine schreckliche alte Fliege", sagte er, „aber es ist das Beste, was sie hatten; das Auto des Hotels ist kaputt oder so."

„Warum haben Sie mir an diesem Tag nicht telegrafiert, dass Sie so bald abreisen würden?" um zu sehen, ob Sie da sind, und ich habe Mr. Tozer gesehen. Er sagte, Sie seien mit einem halben Dutzend Leuten in einem Auto losgefahren …"

„Nur vier, mich nicht eingerechnet", warf Bobby ein.

„Zwei Damen –"

„Eine alte Französin und ihre Tochter."

„Nun, das sind doch zwei Damen, nicht wahr?"

„Das nehme ich an – du schaffst es nicht zu dritt. Dann war da noch Onkel; es ist wahr, er ist ein Gastgeber für sich."

„Wie geht es ihm?"

"Herrlich."

„Ich kann es kaum erwarten, ihn zu sehen", sagte Julia. „Es kommt so selten vor, dass man in diesem Leben jemanden trifft, der wirklich originell ist. Die meisten Menschen sind Kopien anderer und im Allgemeinen schlechte noch dazu."

„Das ist so", sagte Bobby.

„Wie geht es mit dem Roman weiter?" sagte Julia.

„Himmel!" sagte Bobby, „glaubst du, ich kann zu meinen anderen Ablenkungen literarische Arbeit hinzufügen? Der Roman geht nicht weiter, aber die Handlung schon."

„Wie meinst du das?"

„Onkel Simon. Ich habe den Anfang und die Mitte eines Romans in ihm, aber ich habe nicht das Ende."

„Du wirst ihn in ein Buch stecken?"

„Ich wünschte, ich könnte die Decke über ihn schließen. Nein, ich werde ihn in eine Geschichte verweben – er übernimmt den größten Teil des Webens, aber das ist ein Detail. Schau mal, Julia –"

"Ja?"

"Ich habe mir überlegt."

"Ja?"

„Ich habe gedacht, dass wir einen Fehler gemacht haben."

"WHO?"

„Nun, wir. Ich habe nicht geschrieben, ich dachte, ich würde warten, bis ich dich sehe."

„Wie meinst du das?" sagte Julia trocken.

"Uns."

"Ja?"

„Nun, Sie wissen, was ich meine. Es ist einfach so, dass die Leute aus dem Gedanken heraus dumme Dinge tun."

„Was haben wir dumm gemacht?"

„Wir haben nichts Dummes getan, ich glaube nur, dass wir es zu eilig hatten."

"Wie?"

„Oh, weißt du, an diesem Abend in deiner Wohnung."

"Oh!"

"Ja."

„Willst du damit sagen, dass du dich nicht mehr um mich kümmerst?"

„Oh, das ist es nicht. Du bist mir sehr wichtig."

„Sag es sofort", sagte Julia. „Du sorgst für mich als Schwester."

„Nun, das ist alles", sagte Bobby.

Julia schwieg und nur die Stimme der Fliege erfüllte die Luft.

Dann sagte sie:

„Es ist genauso gut zu wissen, wo man ist."

"Sie sind wütend?"

"Kein Bisschen."

Er warf ihr einen Blick zu.

„Nicht ein bisschen. Du hast jemand anderen kennengelernt. Warum sagst du das nicht?"

„Das habe ich", sagte Bobby. „Du weißt ganz genau, Julia, dass man bei solchen Dingen nichts ändern kann."

„Ich weiß nichts über ‚diese Dinge', wie Sie sie nennen; ich weiß nur, dass Sie aufgehört haben, sich um mich zu kümmern – das soll genügen."

Sie war sehr ruhig und Bobby hatte das Gefühl, dass er ihr nicht so sehr am Herzen lag. Irgendwie war es kein angenehmes Gefühl, obwohl es ihm Erleichterung verschaffte. Er hatte erwartet, dass sie weinen oder wütend werden würde, aber sie war ganz ruhig und gewöhnlich; Fast hätte er Lust gehabt, noch einmal mit ihr zu schlafen, um zu sehen, ob sie sich um ihn gekümmert *hatte*, aber glücklicherweise verging dieses Gefühl.

„Wir werden Freunde sein", sagte er.

„Absolut", sagte Julia. „Wie könnte so eine Kleinigkeit die Freundschaft ruinieren?"

Scherzte sie mit ihm oder meinte sie es ernst? Bitter oder nur sie selbst?

„Übernachtet sie im Hotel?" fragte sie nach einem Moment des Schweigens.

„Das ist sie", sagte Bobby.

„Es ist die Französin?"

„Wie hast du das erraten?"

"Ich wusste."

"Wann?"

„Als du sie erklärt hast und mit der alten Dame angefangen hast. Aber die alte Dame wird zweifellos als Nächste an der Reihe sein, und dem nächsten Mädchen wirst du sie erklären, beginnend mit dem Mädchen."

Bobby fühlte sich sehr heiß und unwohl.

„Jetzt bist du wütend auf mich", sagte er.

"Kein Bisschen."

„Nun, lasst uns Freunde sein."

„Absolut. Ich könnte mir nie vorstellen, dass du der Feind von irgendjemandem außer dir selbst bist."

Bobby gefiel die Fahrt nicht, und es ging noch eine Meile weiter – größtenteils bergauf.

„Ich denke, ich werde rausgehen und dem armen alten Pferd eine Chance geben", sagte er; „Diese Hügel sind dafür scheußlich."

Er stieg aus und ging an der Fliege vorbei, wobei er gelegentlich einen Blick auf die Silhouette von Julia warf, die offenbar über Dinge nachdachte.

Jetzt begann er zu spüren, dass er ihr eine Verletzung zugefügt hatte, und sie hatte nichts davon gesagt, dass sie morgen zurückgehen würde oder so etwas, und er wurde wie in einem Schraubstock festgehalten, und Cerise und er würden unter der Lupe stehen , und Cerise wusste nichts über Julia.

Dann stieg er wieder in die Fliege und fünf Minuten später fuhren sie zum Rose. Simon stand auf der Veranda, als sie vorfuhren; Sein Strohhut saß auf dem Hinterkopf und er hatte eine Zigarre im Mund.

Er sah Bobby und Julia an und grinste leicht. Es schien ihm plötzlich in den Sinn gekommen zu sein, dass Bobby neben einer jungen Dame auch eine Liebste vom Bahnhof abgeholt hatte. Das war tatsächlich der Fall, und Dinge, die sich auf diese Weise in Simons jugendlichen Kopf eindrangen und mit angenehmen Dingen verbunden waren, ließen sich nur schwer entfernen.

KAPITEL IV
HORN – *Fortsetzung*

Simon war an diesem Tag ganz allein gewesen, um Mrs. Fisher-Fishers Rosen zu sehen; Das sagte er an diesem Abend beim Abendessen. Er hatte sich an die allgemeine Einladung erinnert und sie offensichtlich als eine persönliche Einladung aufgefasst. Bobby erkundigte sich nicht nach Einzelheiten; außerdem war er mit seinen Gedanken an diesem Esstisch beschäftigt, wo Cerise ständig seinen Blick suchte und wo Julia saß und zusah. Grübelnd und beobachtend und hauptsächlich mit Simon redend.

Sie und Simon schienen gut miteinander auszukommen, und ein genauer Beobachter hätte meinen können, dass Simon sich angezogen fühlte, vielleicht weniger von ihren Reizen als vielmehr von der Tatsache, dass er sie für Bobbys Mädchen hielt und versuchte, Bobby auf eine milde Art auszuschließen. durch seine eigenen überlegenen Reize.

Nach dem Abendessen vergaß Simon sie. Er hatte andere Geschäfte zu erledigen. Zum Abendessen hatte er sich nicht angezogen , er war schlicht und elegant gekleidet und trug den blauen Serge-Anzug, den er in London getragen hatte. Er nahm seinen Strohhut, zündete sich eine Zigarre an, verließ die anderen und schlenderte, nachdem er ein paar Minuten durch den Garten geschlendert war, das Hotelgelände und schlenderte die Straße entlang.

Die Straße war verlassen. Er erreichte das Bricklayer's Arms und schlenderte, nachdem er die Aussicht eine Weile von der Veranda des Gasthauses aus bewundert hatte, in die Bar.

Die Liebe zur Gesellschaft, die manchmal ein charakteristisches Merkmal junger Menschen ist, hat mehrere Ursachen: eine Vorliebe für zweifelhafte Sportarten, ein Widerstand gegen die Zurückhaltung, einfach die Liebe zur Gesellschaft oder eine Art Größenwahn – der Wunsch, der Erste zu sein Person im Unternehmen anwesend, ein Wunsch, der für ein paar Pfund leicht erfüllt werden kann.

In Simons Fall war es wahrscheinlich eine Kombination aus beidem.

In der Bar des Bricklayer's Arms war er mit Abstand der Erste; und heute Abend war er wegen der Heuernte mit zwanzig Meilen Vorsprung der Erste, denn der einzige Gast in der Bar war Dick Horn.

Horn war, wie bereits von Mudd angedeutet, ein sehr zweifelhafter Charakter. Früher wäre er schlicht und einfach ein Wilderer gewesen, heute ist er das und noch andere Dinge. Der Sozialismus hatte ihn berührt. Er begehrte nicht nur das Wild und den Fisch anderer Männer, sondern auch deren Häuser und Möbel.

Er war 1,80 Meter groß, sehr dünn, hatte ein spitzes Kinn und ein dunkles Aussehen, das an Roma-Vorfahren erinnerte – ein äußerst faszinierendes Individuum für Philosophen, die Polizei und die künstlerisch veranlagte Öffentlichkeit. Er saß rauchend und in Gesellschaft eines braunen Kruges Bier, als Simon hereinkam.

Sie wünschten einander einen guten Abend, Simon klopfte mit einer halben Krone auf die Theke, bestellte sich etwas Bier, ließ Horns Krug auffüllen und setzte sich dann. Nachdem der Wirt sie bedient hatte, ließ er sie zusammen und sie unterhielten sich über das Wetter.

„Ja", sagte Horn, „für diejenigen, die es mögen, ist es in Ordnung, das Wetter spielt für mich keine Rolle. Ich bin an das Wetter gewöhnt."

„Das bin ich auch", sagte Simon.

„Gentlefolk weiß nicht, was Wetter ist", sagte Horn; „Sie können es nehmen oder lassen. Es ist die Pore, die weiß, wie das Wetter ist."

In diesem Punkt waren sie sich einig.

Nach einer Weile stand Horn auf, drehte seinen Kopf um die Trennwand der Bar herum, um zu sehen, dass niemand zuhörte, und setzte sich wieder hin.

„Erinnerst du dich, was ich dir über die Nachtlinien gesagt habe?"

"Ja."

„Nun, ich werde heute Abend etwas davon unten im Fluss ablegen."

"Von Jove!" sagte Simon, sehr interessiert.

„Wenn du Lust hast, ein bisschen Sport zu sehen, würdest du mir vielleicht gern beipflichten?" sagte Horn.

Simon hielt sich einen Moment zurück und spielte mit dieser Idee, dann gab er nach.

„Ich stimme dir zu", sagte er.

„Der Torwart ist auswärts in Ditchin'ham und kümmert sich um diesen Teil des Stroms", sagte Horn. „Nicht, dass es eine Rolle spielt, denn er taugt nichts, und der Polizist ist nichts weiter als ein blindes Pferd. Er ist weg, also haben wir den richtigen Ort für uns, und Sie sagten, Sie wären gespannt darauf, zu sehen, wie die Nachtschicht aussieht. war erledigt. Nun, du wirst es sehen, wenn du mit mir mitkommst. Wohlgemerkt, es ist nicht jeder Herr, den ich für einen Job wie diesen annehmen würde, aber du bist anders. Wohlgemerkt, sie würden diesen Wilderer nennen ', einige von ihnen sind verfluchte Richter , und ich gehe das Risiko ein , Sie da reinzulassen. '

„Ich werde nichts sagen", sagte Simon.

„Trotzdem ist es ein Risiko", sagte Horn.

„Ich bezahle dich", sagte Simon.

„ Aff ein Pfund?"

„Ja, hier ist es. Um wie viel Uhr fängst du an?"

„Nicht in zwei Stunden", sagte Horn. „Mein Grundstück liegt dort unterhalb des Hügels. Kennst du die Straße nach Ditchin'ham ?"

"Ja."

„Nun, es ist diese Hütte dort unten rechts an der Straße, bevor sie das Dorf erreicht . Ich habe die Leitungen dort und alles. Wenn Sie in zwei Stunden dorthin gehen, finden Sie mich am Tor."

„Ich komme", sagte Simon.

Dann trennten sich diese beiden Würdenträger; Horn wischte sich mit dem Handrücken über den Mund und sagte, er müsse wegen ein paar Frettchen einen Mann aufsuchen, während Simon zurück zum Hotel ging.

KAPITEL V
TIDD *gegen* RENSHAW

Der Leiter eines großen Büros oder Geschäftshauses kann sich nicht aus seinem Umfeld entfernen, ohne Unruhe hervorzurufen. Brownlow, der Chefsekretär und Stellvertreter des Pettigrew-Geschäfts, musste diese Tatsache auf eigene Kosten erfahren.

Brownlow war ein Mann von fünfundvierzig Jahren, dessen Gewohnheiten und Ideen durch ein Uhrwerk reguliert zu sein schienen. Er lebte mit seiner Frau und seinen drei Kindern in Hampstead und ging jeden Tag ins Büro. Das war die Zusammenfassung seines Lebens, wie sie von einem Außenstehenden gelesen wurde. Oft deckt die kahle Aussage alles ab. Im Fall von Brownlow war dies fast der Fall. Er hatte keine Initiative. Er hielt die Dinge zusammen, er war absolut perfekt in der Routine, er hatte profunde Gesetzeskenntnisse, er war korrekt, ein guter Ehemann und ein guter Vater, aber er hatte keine Initiative und, außerhalb des Gesetzes, sehr wenig Wissen darüber die Welt.

Stellen Sie sich also diesen korrekten Herrn vor, der am Morgen des Tages nach dem Tag, an dem Simon seine Wilderei-Vereinbarungen mit Horn getroffen hatte, an seinem Schreibtisch saß. Er drehte gerade ein paar Papiere um, als Balls, der Stellvertreter, hereinkam. Balls war jung, trug eine Brille und hatte Ambitionen. Er und Brownlow waren alte Freunde, und wenn sie zusammen waren, unterhielten sie sich auf Augenhöhe.

„Ich hatte diesen James-Mann gerade zu Besuch", sagte Balls. „Dasselbe alte Spiel; wollte Pettigrew sehen. Er weiß, dass ich den gesamten Thread des Falles in meinen Händen habe, aber das bedeutet ihm nichts, er möchte Pettigrew sehen."

„Ich weiß", sagte Brownlow. „Ich hatte die gleichen Probleme. Sie *werden* den Kopf sehen."

„Wann ist er zurück?" fragte Balls.

„Ich weiß es nicht", sagte Brownlow.

„Wo ist er hin?"

„Ich weiß es nicht", sagte Brownlow. „Ich weiß nur, dass er weg ist, genau wie letztes Jahr um diese Zeit. Damals war er noch einen Monat entfernt."

"Oh Gott!" sagte Balls, der erst neun Monate zuvor in das Büro eingetreten war und nichts von der Eskapade im letzten Jahr wusste. „Ein Monat mehr dieser Art von Ärger – ein Monat!"

„Ja", sagte Brownlow. „Ich hatte es letztes Jahr zu erledigen, und er hat keine Adresse hinterlassen, genau wie jetzt." Dann, nach einer kurzen Pause: „Ich mache mir Sorgen um ihn. Ich kann nichts dagegen tun, letztes Jahr ist etwas Seltsames passiert. Ich habe es noch nie einer Menschenseele erzählt. Er rief mich eines Tages zu sich." Zimmer und er zeigte mir ein Bündel Banknoten. „Sehen Sie, Brownlow", sagte er, „haben Sie diese in meinen Safe gelegt?" Ich hatte die Dinger noch nie zuvor gesehen und ich habe keinen Schlüssel zu seinem privaten Safe. Ich sagte ihm, dass das nicht der Fall sei. Er zeigte mir die Banknoten im Wert von zehntausend Pfund. Zehntausend Pfund im Wert, für die er sich keine Erklärung machen konnte – fragte *mich*, ob ich sie in seinen Safe legen würde. Ich sagte „Nein", wie ich es Ihnen gesagt habe. „Nun, es ist sehr seltsam", sagte er. Dann stand er da und blickte auf den Boden. Dann sagte er plötzlich: , „Das spielt keine Rolle." Am nächsten Tag machte er einen Monat Urlaub und ließ mich bitten, weiterzumachen.

„Queer", sagte Balls.

„Mehr als seltsam", antwortete Brownlow. „Ich habe es auf die mentale Belastung zurückgeführt; er ist ein harter Arbeiter."

„Es ist keine mentale Belastung", sagte Balls. „Er ist so lebendig wie du oder ich und genauso eifrig, und er überanstrengt sich nicht; das ist etwas anderes."

„Nun, ich wünschte, es würde aufhören", sagte Brownlow, „denn ich mache mir fast zu Tode Sorgen darüber, dass Kunden ihm schreiben und versuchen, Ausreden zu erfinden, und meine Arbeit verdoppelt sich."

„Das ist auch meins", sagte Balls. Er ging hinaus und Brownlow führte sein Geschäft fort. Er war noch nicht lange damit beschäftigt, als Morgan, der Bürojunge, auftauchte.

„Mr. Tidd, Sir, um Mr. Pettigrew zu sehen."

„Führen Sie ihn herein", sagte Brownlow.

Einen Moment später erschien Mr. Tidd.

Mr. Tidd war ein kleiner, schmächtiger, altmädchenhafter Mann; Er ging leichtfüßig wie ein Vogel und trug in der einen Hand einen hohen Hut mit einem schwarzen Band und in der anderen einen eng zusammengefalteten Regenschirm. Er war übrigens einer von Pettigrews besten Kunden.

„Guten Morgen", sagte Herr Tidd. „Ich habe Herrn Pettigrew wegen dieser Papiere angerufen."

„Oh ja", sagte Brownlow. „Setzen Sie sich, Mr. Tidd. Diese Papiere – Mr. Pettigrew hat darüber nachgedacht."

„Ist Mr. Pettigrew nicht da?"

„Nein, Mr. Tidd, er ist gerade nicht da."

„Wann wird er voraussichtlich zurückkehren?"

„Nun, das ist zweifelhaft; er hat mir die Verantwortung übertragen."

Die Spitze von Mr. Tidds Nase bewegte sich unruhig.

„Sie sind für meinen Fall zuständig?"

„Ja, von der ganzen Sache."

„Kann ich vertraulich sprechen?"

"Absolut."

„Nun, ich habe beschlossen, das Verfahren einzustellen – tatsächlich stecke ich in einem Loch."

"Oh!"

„Ja. Mrs. Renshaw hat auf illegale Weise ein Dokument mit meiner Unterschrift erhalten – ein sehr ernstes Dokument. Das bleibt eine reine Privatsache."

"Streng."

„Und sie droht, es gegen mich einzusetzen."

"Ja."

„Um es gegen mich zu verwenden, es sei denn, ich gebe ihr sofort den Brief zurück, den ich in Mr. Pettigrews Obhut gegeben habe."

"Oh!"

„Ja. Sie ist eine gewalttätige und sehr bösartige Frau. Ich habe die ganze Nacht nicht geschlafen. Ich lebe, wie Sie vielleicht wissen, in Hitchin . Ich bin heute Morgen mit dem ersten Zug in die Stadt gefahren, den ich bequem erreichen konnte."

Brownlow wurde allmählich die schreckliche Tatsache klar, dass Simon diese Papiere nicht mit ins Büro zurückgebracht hatte. Er sagte nichts; Seine Lippen waren für einen Moment trocken.

„Wie sie an das Dokument mit meinem Namen gekommen ist, kann ich nicht sagen", sagte Mr. Tidd, „aber sie wird es mit Sicherheit gegen mich verwenden, wenn ich den Brief nicht zurücksende."

„Vielleicht", sagte Brownlow, als er sich erholte, „vielleicht droht sie nur – sie blufft, wie man es nennt."

„Oh nein, das ist sie nicht", sagte der andere. „Wenn Sie sie kennen würden, würden Sie das nicht sagen; nein, das würden Sie tatsächlich nicht sagen. Sie ist die letzte Frau, die droht, was sie nicht tun wird. Bis dieses Dokument in ihren Händen ist, werde ich mich nicht sicher fühlen."

„Sie müssen vorsichtig sein", sagte Brownlow und kämpfte um Zeit. „Wie wäre es, wenn ich sie sehen würde?"

„Nutzlos", sagte Mr. Tidd.

"Darf ich fragen--"

"Ja?"

„Ist das Dokument, auf dem Ihr Name steht und das sich in ihrem Besitz befindet, – ähm – schädlich – ich meine ganz einfach, ist es wahrscheinlich, dass es Ihnen einen schweren Schaden zufügt?"

„Das Dokument", sagte Mr. Tidd, „wurde von mir in einem spontanen Moment an eine Dame geschrieben, die – die Frau eines anderen Herrn."

„Es ist ein Brief?"

„Ja, es ist ein Brief."

„Ich verstehe. Nun, Mr. Tidd, *Ihr* Dokument, das Sie unbedingt im Austausch für dieses Dokument zurückgeben möchten, ist im Besitz von Mr. Pettigrew; es ist ziemlich sicher."

„Zweifellos", sagte Mr. Tidd, „aber ich möchte, dass es in meinen Händen liegt und ich es heute selbst zurückgeben kann."

„Ich habe es zusammen mit den anderen Papieren an Mr. Pettigrews Privathaus geschickt", sagte Brownlow, „und er hat es noch nicht zurückgegeben."

„Oh! Aber ich will es heute."

„Es ist sehr bedauerlich", sagte Brownlow, „aber er ist weg – und ich fürchte, er muss die Papiere zur Prüfung mitgenommen haben."

"Du lieber Himmel!" sagte Tidd. „Aber wenn das so ist, was soll ich dann tun?"

„Du kannst es kaum erwarten?"

„Wie kann ich warten?"

„Meine Güte, meine Güte", sagte Brownlow fast bis zur Verzweiflung, „das ist sehr bedauerlich."

Tidd schien zuzustimmen.

Seine Lippen waren blass geworden. Dann brach er aus: „Ich habe meine lebenswichtigen Interessen in die Hände von Mr. Pettigrew gelegt, und jetzt, im kritischen Moment, finde ich das!" sagte er. „Weg! Aber du musst ihn finden – du musst ihn finden, und zwar sofort."

Wenn er nur gewusst hätte, was er finden würde, wäre er vielleicht weniger gespannt gewesen.

„Ich werde ihn finden, wenn ich kann", sagte Brownlow. Er klingelte, und als Morgan erschien, schickte er nach Balls.

„Mr. Balls", sagte Brownlow mit einem krampfhaften Versuch zu zwinkern, „können Sie nicht Mr. Pettigrews aktuelle Adresse bekommen?"

Bälle verstanden.

„Ich werde sehen", sagte er. Er ging hinaus und kam eine Minute später zurück.

„Es tut mir leid, dass ich nicht kann", sagte Balls. „Mr. Pettigrew hat seine Adresse nicht hinterlassen, als er wegging."

„Vielen Dank, Mr. Balls", sagte Brownlow. Dann zu Tidd, als sie allein waren: „Das ist für mich genauso schwer wie für Sie, Mr. Tidd; ich weiß nicht, was ich tun soll."

„Wir müssen ihn finden", sagte Tidd.

"Sicherlich."

„Hat er zufällig seine Adresse in seinem Privathaus hinterlassen?"

„Wir können sehen", sagte Brownlow. „Er hat kein Telefon, aber ich gehe selbst hin."

„Ich werde mit dir gehen", sagte Tidd. „Du verstehst mich, hier geht es um Leben und Tod – um den Untergang meiner Frau – dieser Frau und der anderen."

„Ich verstehe, ich verstehe, ich verstehe", sagte Brownlow und nahm seinen Hut von seinem Haken an der Wand. „Komm mit mir; wir werden ihn finden, wenn er gefunden werden soll."

Er eilte hinaus, gefolgt von Mr. Tidd, und in der Fleet Street gelang es ihm, ein Taxi zu bekommen. Sie stiegen ein und fuhren zur King Charles Street.

Nach dem Klopfen entstand eine lange Pause, dann öffnete sich die Tür und gab den Blick auf Mrs. Jukes frei. Brownlow war ihr bekannt.

„Mrs. Jukes", sagte Brownlow, „können Sie mir Mr. Pettigrews aktuelle Adresse geben?"

„Nein, Sir, das kann ich nicht."

„Er wurde weggerufen, nicht wahr?"

„Das glaube ich nicht, Sir. Er ist geschäftlich unterwegs. Mudd ist mit ihm gegangen."

"Oh je!" sagte Tidd.

„Sie hielten am Charing Cross Hotel an", sagte Mrs. Jukes, „und dann erhielt ich eine Nachricht, dass sie aufs Land fahren würden. Sie kam von Mr. Mudd und er sagte, sie könnten einen Monat entfernt sein."

„In einem Monat!" sagte Tidd mit seltsam ruhiger Stimme.

"Jawohl."

"Ach du meine Güte!" sagte Brownlow. Dann zu Tidd: „Sehen Sie, wie ich platziert bin?"

„In einem Monat", sagte Tidd; er schien nicht in der Lage zu sein, dieses Denkhindernis zu überwinden.

„Ja, Sir", sagte Mrs. Jukes.

Sie stiegen in das Taxi und fuhren zum Charing Cross Hotel, wo ihnen mitgeteilt wurde, dass Herr Pettigrew verschwunden sei und keine Adresse hinterlassen habe.

Dann kam Brownlow plötzlich eine Idee – Oppenshaw . Der Arzt könnte es wissen; Als der Arzt versagte, waren sie erledigt.

„Komm mit", sagte er; „Ich glaube, ich kenne jemanden, der die Adresse haben könnte." Er stieg wieder mit dem anderen in das Taxi, gab die Adresse in der Harley Street an und sie fuhren los. Die schreckliche Unregelmäßigkeit dieser ganzen Angelegenheit vergiftete Brownlows Verstand – die Suche nach dem Leiter einer Firma, der in seinem Büro sein sollte und der im Besitz des lebenswichtigen Dokuments eines Kunden war.

Er sagte nichts, ebenso wenig wie Mr. Tidd, der wahrscheinlich damit beschäftigt war, den Sachverhalt seines Falles und die Position, die seine Frau einnehmen würde, zu prüfen, als Mrs. Renshaw ihr diesen Brief in die Hände legte.

Sie hielten an der Harley Street 110A.

„Na ja, es ist das Haus eines Arztes", sagte Tidd.

„Ja", sagte Brownlow.

Sie klopften an die Tür und wurden eingelassen.

Da kein Termin vereinbart war, sagte der Diener, er werde sehen, was er tun könne, und führte sie ins Wartezimmer.

„Sagen Sie Dr. Oppenshaw, dass es Mr. Brownlow aus Mr. Pettigrews Büro ist", sagte Brownlow, „in einer sehr dringenden Angelegenheit."

Sie nahmen ihre Plätze ein, und während Mr. Tidd versuchte, einen Band von „*Punch*" verkehrt herum zu lesen, kaute Brownlow an seinen Nägeln.

In erstaunlich kurzer Zeit kam der Diener zurück und bat Herrn Brownlow, einzugreifen.

Oppenshaw redete nicht um den heißen Brei herum. Als er hörte, was Brownlow wollte, sagte er offen, er wisse nicht, wo Mr. Pettigrew sei; er wusste nur, dass er im Charing Cross Hotel übernachtet hatte. Mudd, der Diener, war bei ihm.

„Es ist nur richtig, dass Sie die Position kennen", sagte Oppenshaw, „wie Sie sagen, Sie sind der Chefsekretär und alle Verantwortung liegt in Mr. Pettigrews Abwesenheit bei Ihnen." Dann erklärte er es.

„Aber wenn er so ist, welchen Sinn hat es dann, ihn zu finden?" sagte der entsetzte Brownlow. „Ein Mann mit Geisteskrankheit!"

Oppenshaw hinzu.

„Ja, aber – so."

„Natürlich", sagte Oppenshaw, „kann er sich jeden Moment wieder in sich selbst verwandeln, wie der Finger eines Handschuhs, der sich von innen nach außen dreht."

„Vielleicht", sagte der andere hoffnungslos, „aber bis er sich tatsächlich umdreht –"

In diesem Moment ertönte von draußen das Geräusch einer Telefonklingel.

„Bis er sich tatsächlich umdreht, ist er natürlich für geschäftliche Zwecke nutzlos", sagte Oppenshaw; „Zum einen hätte er keine Erinnerung – zumindest keine Erinnerung an Geschäfte."

Der Diener trat ein.

„Bitte, Sir, ein dringender Anruf für Sie."

„Einen Moment", sagte Oppenshaw . Er ging raus.

Er war in weniger als zwei Minuten zurück.

„Ich habe seine Adresse", sagte er.

"Gott sei Dank!" sagte Brownlow.

„Hm", sagte Oppenshaw ; „Aber es gibt keine guten Neuigkeiten. Er übernachtet im Rose Hotel in Upton-on-Hill und ist in irgendwelche Schwierigkeiten geraten. Es war Mudd, der anrief, und er schien halb verrückt zu sein; er sagte, er hätte es getan „Ich möchte am Telefon nicht auf Einzelheiten eingehen, wollte aber, dass ich herunterkomme, um die Angelegenheit zu regeln. Ich sagte ihm, dass es heute völlig unmöglich sei; dann schien er zusammenzubrechen und unterbrach mich."

"Was soll ich tun?"

„Nun, es gibt nur zwei Dinge, die man tun kann: Sagen Sie diesem Herrn, dass Mr. Pettigrews Geist beeinträchtigt ist, oder bringen Sie ihn dorthin, in der Hoffnung, dass dieser Schock Mr. Pettigrew vielleicht genesen hat."

„Ich kann ihm nicht sagen, dass Mr. Pettigrews Geist beeinträchtigt ist", sagte Brownlow. „Eher würde ich etwas anderes tun. Ich würde ihn lieber dorthin bringen, auf die Chance hin, dass es ihm besser geht – vielleicht würde ihn der Anblick von mir und Mr. Tidd, selbst wenn es nicht so wäre, an sich erinnern."

„Möglicherweise", sagte Oppenshaw , der es eilig hatte und nur allzu froh über jede Chance war, das Geschäft abzubrechen. „Möglicherweise. Wie auch immer, es hat Sinn , es zu versuchen und Mudd zu sagen, dass es absolut sinnlos ist, dass ich gehe. Ich werde gerne alles tun, was ich kann, per Brief oder Telefon."

Brownlow nahm seinen Hut, dann nahm er Tidd zurück und überbrachte ihm die erfreuliche Nachricht, dass er Simons Adresse hatte. „Ich werde selbst mit Ihnen gehen", sagte Brownlow. „Natürlich gehen die Kosten zu Lasten des Büros. Ich muss ein Telegramm an das Büro und meine Frau schicken, um zu sagen, dass ich heute Abend nicht zurück sein werde. Wir können bis heute Abend nicht nach Upton kommen. Das werden wir tun." so zu gehen, wie wir sind, ohne auch nur darauf zu warten, eine Tasche zu packen.

„Das spielt keine Rolle; das spielt keine Rolle", sagte Tidd.

Sie waren jetzt auf der Straße und stiegen in das wartende Taxi.

„Victoria Station", sagte Brownlow zum Fahrer. Dann zu Tidd: „Ich kann von der Station aus telegrafieren."

Sie fuhren los.

KAPITEL VI
WAS MIT SIMON PASSIERTE

„Er kam vor zwei Stunden zurück, Sir, und er war vor zehn Minuten in seinem Zimmer – aber er ist weg."

„Nun", sagte Bobby, der gerade zu Bett gegangen war, „er wird bald wieder zurück sein; hier kann nicht viel passieren. Du solltest dich besser für ihn aufsetzen, Mudd."

Er ging zu Bett. Er lag eine Weile da, las und dachte an Cerise; Dann löschte er das Licht und schlief ein.

Er wurde von Mudd geweckt. Mudd mit einer Kerze in der Hand.

„Er ist noch nicht zurück, Mr. Robert."

Bobby setzte sich auf und rieb sich die Augen. „Nicht zurück? Oh, Onkel Simon! Wie spät ist es?"

„Eins weg, Sir."

„Störung! Was kann mit ihm passiert sein, Mudd?"

„Das frage ich mich", sagte Mudd.

Auf der Schotterauffahrt vor dem Hotel ertönte ein schwerer Schritt, dann ertönte ein Klingeln. Mudd, die Kerze in der Hand, schoss davon.

Bobby hörte unten Stimmen. Fünf Minuten vergingen, dann tauchte Mudd wieder auf – ein grässlicher Anblick.

„Sie haben ihn mitgenommen", sagte Mudd.

"Was?"

„Er wurde zum Wildern erwischt ."

"Wilderei!"

„Colonel Salmon's River, er und ein Mann, und der Mann ist ausgestiegen. Er ist beim Haus des Polizisten und er sagt, er überlässt ihn uns, wenn wir ihn gegen Kaution abholen, da er ein alter Herr ist und es nur getan hat für den Spaß der Sache."

"Gott sei Dank!"

„Aber er muss am Mittwoch vor den Richter gehen , egal ob *er oder* nicht – vor den Richter !"

"Der Teufel!" sagte Bobby. Er stand auf und beeilte sich, ein paar Klamotten anzuziehen.

„Er vor den Richtern – in seinem gegenwärtigen Zustand! *Oh*, Herr!"

"Den Mund halten!" sagte Bobby. Seine Hände zitterten, als er seine Sachen anzog. Bilder von Simon vor den Richtern flogen vor ihm vorbei. Geld war die einzige Chance. Könnte der Polizist bestochen werden?

Er eilte die Treppe hinunter und hinaus in die mondhelle Nacht, wo er den Beamten fand. Als die Glocke läutete, war keiner der Hotelleute erschienen. Bobby hörte sich mit gedämpfter Stimme und unter den Sternen die Geschichte vom Gesetz an, dann versuchte er es mit Korruption.

Nutzlos. Constable Copper war laut Horn zwar nicht besser als ein blindes Pferd, aber unbestechlich und dennoch tröstend.

„Es kostet nur ein paar Pfund Strafe", sagte er. „Vielleicht nicht, wenn man bedenkt, was er ist, und es war nur ein Scherz. Horn wird es in den Nacken bekommen, aber nicht er. Er ist jetzt bei mir zu Hause, und du kannst ihn zurückhaben, wenn du gegen Kaution gehst, er hat gewonnen." Ich werde nicht wieder locker. Er ist ein netter alter Herr, aber ein bisschen eigenartig, finde ich."

Constable Copper schien in dieser Angelegenheit ziemlich unbeschwert zu sein und betrachtete sie kaum als Beleidigung. Ein paar Pfund würden es decken! Er war sich vielleicht der Licht- und Schattenseiten der Situation nicht ganz bewusst – ein JP und Mitglied des Athenæums und der Society of Antiquaries, der wegen Wilderei in Begleitung eines bösen Charakters namens Horn erzogen wurde!

Simon auch nicht, den sie im Wohnzimmer der Coppers an der Tischkante saßen und sich mit Mrs. Copper unterhielten, die in einen Schal gehüllt war.

Er ging mit ihnen ziemlich schweigsam, aber nicht deprimiert zurück ins Hotel; er versuchte tatsächlich, über die Angelegenheit zu reden und zu lachen. Dies war der letzte Tropfen, der das Fass zum Überlaufen brachte, und Bobby platzte heraus und warf ihm einen „Kiefer" nach dem ersten Muster zu. Dann brachten sie ihn zu Bett und löschten das Licht.

Beim Frühstück war er wieder ganz er selbst, und die Vorladung, die um elf Uhr eintraf, wurde ihm nicht gezeigt. Niemand wusste von der Angelegenheit außer dem ganzen Dorf, allen Hotelangestellten, Bobby und Mudd.

Der abgelenkte Mudd verbrachte den Morgen damit, hierhin und dorthin zu laufen und zu versuchen, seinen Verstand zu sammeln und einen Plan zu schmieden. Natürlich hatte Simon seinen Namen genannt, obwohl das eigentlich keine große Rolle spielte, da er im Hotel wohnte. Es war unmöglich, ihn abzuschieben oder umzusiedeln oder so zu tun, als wäre er krank; Nichts war möglich außer der Richterbank unter dem Vorsitz von Colonel Salmon und der Öffentlichkeitsarbeit.

Um halb elf oder Viertel vor zwölf schickte er die verzweifelte Nachricht an Oppenshaw ; Dann verfiel er in eine Art kalte Resignation mit zeitweise heftigen Anfällen.

KAPITEL VII
TIDD *versus* BROWNLOW

Um vier Uhr an diesem Tag fuhr eine Kutsche vor das Hotel und zwei Herren stiegen aus. Sie wurden ins Kaffeezimmer geführt und nach Mudd geschickt. Er kam in der Erwartung, Polizisten anzutreffen, und traf Brownlow und Mr. Tidd.

„Einen Moment, Mr. Tidd", sagte Brownlow, dann führte er Mudd nach draußen in die Halle.

„Er ist nicht geeignet, gesehen zu werden", sagte Mudd, als der andere es erklärt hatte. „Kein Kunde darf ihn sehen. Er hat das Recht, ihn anzusehen und mit ihm zu sprechen, aber er ist nicht er selbst. Warum haben Sie ihn hierher gebracht, Mr. Brownlow – ausgerechnet jetzt?"

Brownlow fuhr zusammen und drehte sich um. Mr. Tidd hatte die Tür zum Kaffeeraum geöffnet, und der Himmel weiß, wie viel von ihrer Unterhaltung er mitgehört hatte.

„Einen Moment", sagte Brownlow.

„Ich werde nicht länger warten", sagte Herr Tidd. „Das muss erklärt werden. Ist Mr. Pettigrew hier oder nicht? Nein, ich werde nicht warten."

In diesem Moment kam ein Kellner mit einem Tablett mit Nachmittagstee vorbei.

„Ist Mr. Pettigrew in diesem Hotel?" fragte Tidd.

„Er ist im Garten, glaube ich, Sir."

Brownlow versuchte, sich vor Tidd zu stellen, um ihn aus dem Garten zu vertreiben; Mudd versuchte, seinen Arm zu ergreifen. Er schob sie beiseite.

KAPITEL VIII
IN DER PAULE

Wir müssen auf drei Uhr zurückgehen. Um drei Uhr hatte Bobby, der eine Zigarette rauchend durch den Garten ging, die Vorderseite der Laube überquert – Laube Nr. 1. Der Grasweg, lautlos wie ein türkischer Teppich, verriet seine Schritte nicht.

Es waren zwei Leute in der Laube und sie „knutschten" – Simon und Julia Delyse . Vielleicht hielt sie ihre Hand zurück, oder die Anziehungskraft, die Simon schon immer auf sie ausgeübt hatte, hatte sie dazu verleitet, ihm zu erlauben, ihre Hand zu halten. Jedenfalls hielt er es. Bobby sah sie an und Julia riss ihre Hand weg. Simon lachte; er schien es für einen guten Scherz zu halten, und seine eitle Seele war zweifellos erfreut darüber, Bobby mit Bobbys Mädchen besiegt zu haben.

Bobby ging weiter und sagte: „Ich bitte um Verzeihung." Es war das Einzige, was ihm dazu einfiel. Dann, als er außer Hörweite war, lachte auch er. Er hatte Julia besiegt. Diese grüblerische Präsenz würde nicht mehr grübeln.

Eine Stunde später erreichte Simon, der allein und meditierend durch den Garten spazierte, die Bowlingbahn. Er näherte sich der Laube Nr. 2. Das Gras ließ seine Schritte verstummen, er ging an der Laubenöffnung vorbei und schaute hinein. Die beiden Leute dort sahen ihn einen Moment lang nicht, dann schlossen sie auf.

Es waren Cerise und Bobby.

Simon stand da, den Mund offen, den Stock still, die Zigarre auf das Gras fallen gelassen.

Er hatte gelacht, als Bobby ihn mit Julia erwischt hatte. Er lachte jetzt nicht.

Der Schock des Wilderergeschäfts hatte ihn unberührt und unerschüttert gelassen, aber Cerise war auf seltsame Weise sein Schwerpunkt , sein Kompass und manchmal sein Ruder. Er liebte Cerise; die anderen Mädchen waren Phantome. Vielleicht war Cerise das einzig Echte in seinem Geisteszustand.

Einen Moment lang stand er da, die Hand an den Kopf gelegt, wie ein fassungsloser Mann.

Bobby rannte zu ihm und fing ihn auf.

"Wo bin ich?" sagte Onkel Simon. „Oh – oh – ich verstehe." Er stützte sich schwer auf Bobby und sah sich benommen um wie ein halb erwachter Mann.

Madame Rossignol, die gerade das Hotel verlassen hatte, lief auf ihn zu, als sie seinen Zustand sah, und Simon streckte ihm die Hand entgegen, als würde er einen Schutzengel erkennen.

Dann begannen Bobby und die alte Dame ihn sanft, sehr sanft zurück zum Haus zu führen.

Als sie sich dem Hintereingang näherten, kamen drei Männer nacheinander heraus.

Simon blieb stehen.

Er hatte Tidd erkannt ; er schien auch seine eigene Position besser zu erkennen und sich zu erinnern. Bobby spürte, wie seine Hand seine eigene fest umklammerte.

„Das ist Mr. Tidd", sagte Simon.

„Herr Pettigrew", sagte Tidd, „wo sind meine Papiere – die Papiere im Fall von Renshaw?"

„Tidd v. Renshaw", sagte Simons klarer Verstand. „Sie befinden sich in der oberen linken Schublade meines Schreibtisches in der Charles Street, Westminster."

KAPITEL IX
KAPITEL DAS LETZTE

„Ihr habt alle absolut Unrecht." Julia Delyse sprach. Sie hatte zufällig bei einer Generalversammlung der Pettigrew-Bruderschaft gesessen, die eine halbe Stunde vor Bench in einem Wohnzimmer des Rose Hotels stattfand.

Simon hatte gegen die Idee, einen Anwalt zu seiner Verteidigung einzuschalten, sein Veto eingelegt – das würde nur noch mehr Aufregung hervorrufen, und soweit er das beurteilen konnte, war sein Fall wehrlos . Er würde sich der Gnade des Gerichts ausliefern. Der Rest hatte zugestimmt.

„Überlassen Sie sich der Gnade des Gerichts! Haben Sie jemals auf dem Land gelebt? Wissen Sie, wie diese alten Richter sind? Wissen Sie nicht, dass der *Wessex Chronicle* zahlreiche Artikel darüber veröffentlichen wird, ganz zu schweigen von der örtlichen Zeitung? „Ich habe mir die ganze Sache ausgedacht. Ich habe für Dick Pugeot telegrafiert ."

„Du hast verkabelt?" sagte Bobby.

„Gestern Abend. Du erinnerst dich, dass ich dich nach seiner Adresse gefragt habe – und da ist er."

Von draußen kam das Tupfen einer Motorhupe.

Julia stand auf und verließ das Zimmer.

Bobby folgte ihr und hielt sie im Flur an.

„Julia", sagte er, „wenn du ihn da rausholen und seinen Namen in den Zeitungen retten kannst, bist du ein Ziegelstein. Du bist ein Ziegelstein, und ich war ein – ein –"

„Ich weiß", sagte Julia, „aber du konntest nicht anders – und ich auch nicht. Ich bin nicht Cerise. Liebe ist Wahnsinn und die Welt ist völlig falsch. Jetzt geh zurück und sag deinem Onkel, er solle vor Gericht nichts sagen und so tun, als ob Er ist ein Narr. Wenn Pugeot der Mann ist, für den Sie sich ausgeben, wird er seinen Namen behalten. Der alte Mr. Pettigrew muss getarnt werden."

„Mein Gott, Julia", rief Bobby, während die Vision von Gnus, die Zebras nachahmten, vor ihm aufstieg, „kannst du ihn nicht malen?"

„Egal, was ich meine", sagte Julia.

Die Upton-Bank war eine alte Bank. Es existierte seit der Zeit von Mr. Justice Shallow. Es hielt seine Sitzungen im Gerichtssaal des Upton Police Court ab und sprach dort sozusagen wie an einem Mittwochmorgen Gerechtigkeit über „Betrunkene", Kleindiebe, Wilderer, Landstreicher und alle anderen Unglücklichen, die vor ihm auftauchten.

Oberst Grouse war der Vorsitzende. Bei ihm saßen heute Morgen Major Partridge-Cooper, Colonel Salmon, Mr. Teal und General Grampound. Die Reporter der örtlichen Zeitung und des *Wessex Chronicle* waren an ihrer Stelle. Der Gerichtsschreiber, der alte Mr. Quail, halb blind und mit seinen Papieren herumfummelnd, saß an seinem Tisch; Ein paar Dorfpolizisten, darunter Constable Copper, standen vor der Tür, und es gab kein allgemeines Publikum.

Der Eintritt war für die breite Öffentlichkeit frei, aber keiner der Dorfbewohner kam jemals. Es war selbstverständlich, dass die Bank Müßiggänger und Neugierige davon abhielt.

Das unveräußerliche Recht der Öffentlichkeit, einen Gerichtshof zu betreten und Themis bei der Arbeit zu sehen, war nie durchgesetzt worden. Die Bank war viel mehr als die Bank – sie war der Adel und die Macht von Upton, [1] denen kein Mann etwas entgegensetzen konnte. Nur Horn hatte in Kneipen und auf öffentlichen Plätzen gegen dieses Schibboleth gekämpft; Er hatte einige Zustimmungen gefunden, aber keine Unterstützer.

Um elf Uhr rückte die Pettigrew-Truppe an und nahm ihre Plätze ein, und hinter ihnen ein großer gelber Mann, der Hon. Dick Pugeot. Er war den Richtern bekannt, aber der Richter ist blind und es wurde kein Erkennungszeichen gezeigt, während ein Polizist sich von den anderen löste, zur Tür ging und rief:

„Richard Horn."

Horn, der gefangen und auf Kaution freigelassen worden war und der sich offensichtlich gewaschen und seine besten Kleider angezogen hatte, betrat den Hafen, ging nach langer Übung zum Dock und stieg dort ein.

„Simon Pettigrew", rief der Angestellte.

Simon stand auf und folgte Horn. Von Julia angewiesen, nichts zu sagen, sagte er nichts.

Dann erhob sich Pugeot.

„Ich bitte um Verzeihung", sagte Pugeot; „Sie haben den Namen meines Freundes falsch verstanden. Pattigraw, bitte; er ist ein Franzose, obwohl er schon lange in England lebt; und es ist nicht Simon – sondern Sigismond."

„Korrigieren Sie die Anklageschrift", sagte Colonel Grouse. „Erster Zeuge."

Simon, benommen und als Anwalt entsetzt über diese Vorgehensweise, versuchte zu sprechen, scheiterte jedoch. Die brillante Idee Julias, die von Pugeot mit Begeisterung aufgegriffen wurde , zielte offensichtlich darauf ab, die Zeitungsleute zu täuschen und den Namen Simon des Anwalts zu retten. Trotzdem war es schrecklich und er hatte das Gefühl, als würde Pugeot versuchen, ihn mit einem Pick-a-Back über eine völlig unmögliche Brücke zu tragen.

Er ahnte jetzt, warum ihm das aufgezwungen worden war. Sie wussten, dass er als Anwalt einer solchen Aussage niemals zugestimmt hätte.

Dann erhob sich Copper in den Zeugenstand, schnallte sich seinen Gürtel um und küsste das Testament und begann:

„Ich schwöre vor dem mächtigen Gawd, dass die Beweise, die ich vorlegen werde, die Wahrheit sein werden, die ganze Wahrheit und nichts als die Wahrheit. Also hilf mir, Gawd. Amen, am Abend des 16. verfolge ich meinen Takt bei Porter's Meadows, wie ich sehe Angeklagter in Begleitung von Horn –"

"Was haben sie gemacht?" fragte der alte Mr. Teal, der wie jeder echte Richter eifrig Notizen machte.

„ Gehen Sie zum Fluss, Sir."

„In welche Richtung?"

„Stromaufwärts, Sir."

"Mach weiter."

Kupfer fuhr fort.

„Sie überquerten die Wiesen und hielten sich am Fluss, ich hinter ihnen –"

„Wie weit zurück?" fragte Major Partridge-Cooper.

„Ein halbes Feld lang, Sir, bis sie die Flussbiegung erreichten, hinter der der Gefangene Horn mit Unterstützung des Gefangenen Puttigraw begann, seine Nachtlinien aufzustellen . ‚Hallo', sagte ich, und Horn rannte davon, und ich schloss mit dem andere."

„Hat er Widerstand geleistet?"

„Nein, Sir. Ich habe ihn ganz ruhig zu meinem Haus begleitet."

"Das alles?"

"Jawohl."

„Sie können zurücktreten."

Die Gefangenen hatten sich schuldig bekannt und es gab keine weiteren Beweise. Simon begann Licht zu sehen. Er konnte sofort erkennen, dass es sich um eine Geldstrafe handeln würde, dass die Richter und die Presse ihn geschluckt hatten, wie von Pugeot angegeben , dass sein Name gerettet war. Aber er rechnete ohne Pugeot .

Pugeot hatte in seinem Leben alles getan, außer als Anwalt aufzutreten, und er war entschlossen, sich diese Chance nicht entgehen zu lassen. Mehrere Brandys und Limonaden im Hotel hatten seine Begeisterung für die Öffentlichkeitsarbeit nicht gemindert, und er steigerte sich.

„Herr Vorsitzender und Richter", sagte Pugeot . „Ich möchte ein paar Worte im Namen meines Freundes sagen, des Gefangenen, den ich seit vielen Jahren kenne und der sich nun unverschuldet in dieser unglücklichen Lage befindet."

„Wie kommst du darauf?" fragte Colonel Grouse.

"Wie bitte?" sagte Pugeot und überprüfte seine Beredsamkeit. „Oh ja, ich verstehe, was Sie meinen. Nun ja, tatsächlich, tatsächlich – nun, um es nicht zu genau zu formulieren, abgesehen von der Tatsache, dass er der letzte Mann ist, der etwas tut dieser Art hatte er in Frankreich Geldprobleme."

von Unzurechnungsfähigkeit erkennen ?" fragte der alte Mr. Teal. „Es liegen keine medizinischen Beweise vor."

„Nicht im Geringsten", sagte Pugeot ; „Er hat genauso recht wie ich, nur dass er sich Sorgen gemacht hat." Dann vertraulich und im Gespräch mit der Bank als Mitmenschen: „Wenn Sie es zur Frage einer Geldstrafe machen, garantiere ich, dass alles gut wird – und außerdem" – ein brillanter Gedanke – „wird sich seine Frau um ihn kümmern." ."

„Ist seine Frau anwesend?" fragte Colonel Grouse.

„Das ist die Dame, glaube ich", sagte Colonel Salmon und blickte in Richtung der Rossignols , die er dunkel daran erinnerte, sie mit Simon bei Squire Simpson gesehen zu haben.

Pugeot , der in die Enge getrieben wurde, drehte sich um und sah die errötende Madame Rossignol an.

„Ja", sagte er ohne mit der Wimper zu zucken, „das ist die Dame."

Dann fiel ihm mit einem dumpfen Schlag die Erinnerung ein, dass er die Rossignols dem Squire Simpson als Rossignols vorgestellt hatte und dass sie im Hotel als Rossignols registriert waren . Er hatte das Gefühl, in einem schlingernden Auto zu sitzen, aber nichts passierte, keine anklagende Stimme erhob sich, um ihn Lügen zu strafen, und die Kammer zog sich zurück, um über ihr Urteil nachzudenken, das für Sigismond eine Guinea-Strafe und für Horn einen Monat Strafe bedeutete.

„Du hast sie geheiratet", sagte Julia, als sie zurück zum Hotel gingen und die anderen hinter sich ließen. „Ich wollte *nie* , dass du das sagst. Aber vielleicht ist es doch das Beste; sie ist eine gute Frau und wird sich um ihn kümmern, und er muss *das* Geschäft zu Ende bringen, nicht wahr?"

„Eher, und eine wirklich gute Arbeit!" sagte Pugeot . „Jetzt muss ich den Hotelier bestechen und den alten Simpson mit den harten Fakten vollstopfen. Ich hatte noch nie in meinem Leben so viel Spaß. Ich sage, alter Kerl, wo hängst du in London ab?"

Julia gab ihm ihre Adresse.

Das war der Anfang vom Ende von Pugeots Junggesellentum – auch von Simon, der ohne Pugeots Rede nie auf den neuesten Stand gebracht worden wäre – und von Mr. Ravenshaw, der seine Heirat mit ihm nicht in seinen kühnsten Träumen hätte vorhersehen können Simons Stieftochter eine Woche nach Simons Heirat mit ihrer Mutter.

Von all diesen Menschen bleibt Mudd allein unverheiratet, und zwar aus dem einfachen und wirksamen Grund, dass es niemanden gibt, mit dem man ihn verheiraten kann. Er lebt bei den Pettigrews in der Charles Street und sein einziges Problem im Leben ist die Angst vor einem weiteren Ausbruch seitens Simon. Dies ist noch nicht geschehen – und wird auch nie eintreten, wenn an Oppenshaws Ausspruch , dass die Ehe das einzige Heilmittel gegen die Wahnvorstellungen der Jugend ist, etwas Wahres dran ist.

DAS ENDE

FUSSNOTE:

[1] Dies geschah, bevor die Politiker das Parlament geändert hatten.